本著作得到江苏高校品牌专业建设工程资助项目(TAPP) (编号：PPZY2015C203)、2015年全国公安高等教育重点专业建设点资助项目、江苏高校优势学科建设工程资助项目(PAPD)、江苏省教育厅哲学社会科学研究项目《人民警察招录培养机制改革背景下的公安院校实战化教育训练改革研究》（2016SJB880025）的资助。

公安交通执法
基本技能实训

郏红雯 等 ◎编著

中国法制出版社
CHINA LEGAL PUBLISHING HOUSE

前　言

公安教育训练工作在全部公安工作中具有先导性、基础性和战略性地位，是提高公安队伍整体素质和战斗力的重要途径，也是推进公安队伍正规化、专业化、职业化建设的关键环节。同时，从高等教育改革发展趋势来看，无论是研究型还是教学型的大学，都强调以社会需求为导向，重视学员实践能力的培养，强调为社会和区域、行业发展服务。在人民警察招录培养机制改革的背景下，为了深入贯彻公安工作"对党忠诚、服务人民、执法公正、纪律严明"的总要求，我们需要围绕公安工作人才需求和核心能力建设，不断推进和深化公安院校实战化教育训练改革研究，从公安院校供给侧出发，着力从源头上提升公安队伍人才质量，培养公安机关满意的实战型人才。

本书针对公安交通管理人才所应具备的实战能力，积极深入公安交通管理部门开展实地调查，认真梳理公安交通管理岗位工作的核心能力点，开发和设计了系列综合训练项目，力求深入推进实战化教育训练，培养公安交通管理机关满意的专业人才，适应当前公安交通管理工作的实际需要。其中实训项目一交通指挥与疏导由郏红雯老师撰写，实训项目二交通流量调查由蓝岚老师撰写，实训项目三交通信号配时由蓝岚老师撰写，实训项目四交叉口交通组织优化设计由杨萌萌老师撰写，实训项目五机动车号牌识别由龚鹏飞老师撰写，实训项目六道路交通安全管理设施隐患排查由郏红雯老师、姚凯教官撰写，实训项目七道路交通安全违法行为查处由郏红雯老师撰写，实训项目八交通事故现场处置与勘查由郏红雯老师撰写，实训项目九交通事故责任认定与损害赔偿调解由郏红雯老师撰写。本书由江苏高校品牌专业建设工程资助项目（TAPP）（编号PPZY2015C203）、2015年全国公安高等教育重点专业建设点资助项目和江苏高校优势学科建设工程资助项目（PAPD）资助，同时也是江苏省教育厅哲学社会科学研究项目《人民警察招录培养机制改革背景下的公安院校实战化教育训练改革研究》（2016SJB880025）的研究成果。本书借鉴吸收了一些专家学者的前期研究成果，同时，在本书撰写过程中，江苏警官学院治安管理系谢海军主任给予了悉心指导，东南大学陈学武教授也提出了不少建议，在此一并表示衷心感谢！

鉴于研究和写作能力有限且时间仓促，本书难免有不妥之处，敬请各位专家学者及广大读者多提宝贵意见。我们将坚持以问题为导向，不断对本书加以改进和提高。

2017 年 12 月　南京

目　录

Contents

实训项目一 交通指挥与疏导

问题引导：

什么是交通指挥与疏导；交通警察指挥有何特点；交通警察指挥包括哪些内容；交通警察如何实施交通疏导

第一部分 业务详解

交通指挥与疏导是公安交通管理部门依法行政的一项日常性工作，也是交通警察需要掌握和经常运用的管理手段。

交通指挥是指交通警察用身体语言、口语以及交通信号指挥交通参与者通行秩序的行为。交通警察的指挥是交通警察动作化、形象化的指挥语言，是目前应用最广泛的一种指挥方式，它不仅适用于平面交叉路口，也适用于各种路段以及比较复杂的活动现场。随着智能交通管理系统的开发与应用，交通指挥与疏导工作将越来越多地借助于先进的技术手段和方法，但是交通警察的现场指挥与疏导，仍具有很强的管理实效和现实意义。交通警察的指挥一般分为手势信号和使用器具的交通指挥信号，其中应用最广泛的是手势信号。交通疏导是指采取各种措施疏通车辆拥堵现象和引导人流、车流的行进方向，既是交通警察日常勤务的重要组成部分，也是交通管理各项措施得以落实的主要方式。

交通警察在指挥、疏导交通时应当根据《中华人民共和国道路交通安全法》（以下简称《道路交通安全法》）《中华人民共和国道路交通安全法实施条例》《道路交通安全违法行为处理程序规定》《公安机关办理行政案件程序规定》《交通警察道路执勤执法工作规范》等相关法律法规的规定，依法履行职责，严格执勤纪律，切实保障各项交通管理工作目标的实现。

一、交通警察指挥的特点

（一）强制性

交通警察的指挥强制性主要表现在：当车辆和行人遇有灯光信号、交通标志或交通标线与交通警察的指挥不一致时，应服从交通警察的指挥。

（二）视认性

指挥过程中，交通警察着反光背心、戴白手套，动作简单明了，手势动作放得开、幅度大，指挥清晰明确，使驾驶人一目了然。

（三）灵活性

交通警察的指挥适用于各种不同类型的平面交叉路口，也适用于路段、事故现场、集会以及各种复杂多变、突发应急的交通情况。指挥对象不仅包括机动车驾驶人，也包括非机动车驾驶人和行人；指挥方式可以交通信号灯控制辅之以交通手势信号指挥，也可以手势信号单独指挥。总之，交通警察通过指挥，可以机动、灵活地处理各种复杂多变的交通情况。

二、交通警察手势指挥信号的基本内容

（一）停止信号

1. 手势示意：
不准前方车辆通行。
2. 手势分解：
（1）交警左臂由前向上直伸与身体成135°，掌心向前与身体平行，五指并拢，面部及目光平视前方；
（2）左臂垂直放下，恢复立正姿势。

1. 左臂由前向上直伸与身体成135度，掌心向前与身体平行，五指并拢，面部及目光平视前方；

2. 左臂垂直放下，恢复立正姿势。

图1－1 停止信号

（二）直行信号

1. 手势示意：

准许右方直行的车辆通行。

2. 手势分解：

（1）交警左臂向左平伸与身体成90°，掌心向前，五指并拢，面部及目光同时转向左方45°；

（2）右臂向右平伸与身体成90°，掌心向前，五指并拢；

（3）右臂水平向左摆动与身体成90°，小臂弯屈至大臂成90°，掌心向内与左胸衣兜相对，小臂与前胸平行；

（4）右大臂不动，右小臂水平向右摆动与身体成90°，掌心向左，五指并拢；

（5）右小臂弯屈至与大臂成90°，掌心向内与左胸衣兜相对，小臂与前胸平行，完成二次摆动；

（6）收右臂；

（7）收左臂，面部及目光转向前方，恢复立正姿势。

1. 左臂向左平伸与身体成90度，掌心向前，五指并拢，面部及目光同时转向左方45度；

2. 右臂向右平伸与身体成90度，掌心向前，五指并拢，面部及目光同时转向右方45度；

3. 右臂水平向左摆动与身体成90度，小臂弯屈至与大臂成90度，掌心向内与左胸衣兜相对，小臂与前胸平行，面部及目光同时转向左方45度；

4. 右大臂不动，右小臂水平向右摆动与身体成90度，掌心向左，五指并拢；

5. 右小臂弯屈至与大臂成90度，掌心向内与左胸衣兜相对，与前胸平行，完成第二次摆动；

6. 收右臂；

7. 收左臂，面部及目光转向前方，恢复立正姿势。

图 1 - 2 直行信号

（三）左转弯信号

1. 手势示意：

准许车辆左转弯，在不妨碍被放行车辆通行的情况下可以掉头。

2. 手势分解：

（1）交警右臂向前平伸与身体成 90°，掌心向前手掌与手臂夹角不低于 60°，五指并拢，面部及目光同时转向左 45°；

（2）左臂与手掌平直向右前方摆动，手臂与身体成45°，掌心向右，中指尖至上衣中缝，高度至上衣最下一个纽扣；

（3）左臂回位至不超过裤缝，面部及目光保持目视左前方45°，完成第一次摆动。然后重复动作，完成第二次摆动。

1. 右臂向前平伸与身体成90度，掌心向前，手掌与手臂夹角不低于60度，五指并拢，面部及目光同时转向左方45度； 2. 左臂与手掌平直向右前方摆动，手臂与身体成45度，掌心向右，中指尖至上衣中缝，高度至上衣最下面一个纽扣；

3. 左臂回位至不超过裤缝，面部及目光保持目视左方45度，完成第一次摆动； 4. 重复（2）动作；

5. 重复（3）动作；完成第二次摆动； 6. 收右臂，面部及目光转向前方，恢复立正姿势。

图 1-3　左转弯信号

（四）左转弯待转信号

1. 手势示意：

准许交警左方左转弯的车辆进入路口，沿左转弯行驶方向靠近路口中心，等候左转弯信号。

2. 手势分解：

（1）交警左臂向左平伸与身体成45°，掌心向下，五指并拢，面部及目光同时转向左方45°；

（2）左臂与手掌平直向下方摆动，手臂与身体成15°，面部及目光保持目视左方45°，完成第一次摆动。然后重复动作，完成第二次摆动。

1. 左臂向左平伸与身体成45度，掌心向下，五指并拢，面部及目光同时转向左方45度；

2. 左臂与手掌平直向下方摆动，手臂与身体成15度，面部及目光保持目视左方45度，完成第一次摆动；

3. 重复（1）动作；

4. 重复（2）动作，完成第二次摆动。

图 1-4　左转弯待转信号

（五）右转弯信号

1. 手势示意：

准许交警右方的车辆右转弯。

2. 手势分解：

（1）交警左臂向前平伸与身体成90°，掌心向前，手掌与手臂夹角不低于60°，五指并拢，面部及目光保持目视右方45°。

（2）右臂与手掌平直向左前方摆动，手臂与身体成45°，手掌向左，中指尖至上衣中缝，高度至上衣最下一个纽扣；

（3）右臂回位至不超过裤缝，面部及目光保持目视右方45°，完成第一次摆动。然后重复动作，完成第二次摆动。

1. 左臂向前平伸与身体成90度，掌心向前，手掌与手臂夹角不低于60度，五指并拢，面部及目光同时转向右方45度；
2. 右臂与手掌平直向左前方摆动，手臂与身体成45度，掌心向左，中指尖至上衣中缝，高度至上衣最下面一个纽扣；

3. 右臂回位至不超过裤缝，面部及目光保持目视右方45度，完成第一次摆动；
4. 重复（2）动作；

图1-5　右转弯信号（a）

5.重复（3）动作；完成第二次摆动；

6.收左臂，面部及目光转向前方，恢复立正姿势。

图1-5　右转弯信号（b）

（六）变道信号

1. 手势示意：

车辆腾空指定的车道，减速慢行。

2. 手势分解：

（1）交警面向来车方向，右臂向前平伸与身体成90°，掌心向左，五指并拢，面部及目光平视前方；

（2）右臂向左水平摆动与身体成45°，完成第一次摆动；然后恢复动作、重复动作，完成第二次摆动。

1.面向来车方向，右臂向前平伸与身体成90度，掌心向左，五指并拢，面部及目光平视前方；

2.右臂向左水平摆动与身体成45度，完成第一次摆动；

图1-6　变道信号（a）

3.恢复至（1）动作；　　　　　　　　　　　4.重复（2）动作，完成第二次摆动。

图1-6　变道信号（b）

（七）减速慢行信号

1. 手势示意：

车辆减速慢行。

2. 手势分解：

（1）交警右臂向右前方平伸，与肩平行，与身体成135°，掌心向下，五指并拢，面部及目光同时转向右方45°；

（2）右臂与手掌平直向下方摆动，手臂与身体成45°，面部及目光保持目视右方45°，完成第一次摆动。然后重复动作，完成第二次摆动。

1.右臂向右前方平伸，与肩平行，与身体成135度，掌心向下，五指并拢，面部及目光同时转向右方45度；　　2.右臂与手掌平直向下方摆动，手臂与身体成45度，面部及目光保持目视右方45度，完成第一次摆动；

图1-7　减速慢行信号（a）

9

3.重复（1）动作；　　　　　　　　　　　4.重复（2）动作，完成第二次摆动。

图 1 - 7　减速慢行信号（b）

（八）示意车辆靠边停车信号

1. 手势示意：

车辆靠边停车。

2. 手势分解：

（1）交警面向来车方向，右臂前伸与身体成 45°，掌心向前左，五指并拢，面部及目光平视前方；

（2）左臂由前向上直伸与身体成 135°，掌心向前与身体平行，五指并拢；

（3）右臂向左水平摆动与身体成 45°，完成第一次摆动。然后恢复动作、重复动作，完成第二次摆动。

1.面向来车方向，右臂前伸与身体成45度，掌心向左，五指　　2.左臂由前向上伸直与身体成135度，掌心向前与身体平行，
并拢，面部及目光平视前方；　　　　　　　　　　　　　　　五指并拢；

图 1 - 8　示意车辆靠边停车信号（a）

3.右臂向左水平摆动与身体成45度,完成第一次摆动; 　　4.右臂恢复至(1)动作;

5.重复(3)动作,完成第二次摆动; 　　6.右臂恢复至(1)动作。

图 1-8　示意车辆靠边停车信号 (b)

三、交通警察指挥与疏导的基本要求

（一）主要职责

交通警察通过指挥疏导维护道路交通秩序,提高车辆、行人通过速度,预防和消减交通拥堵,保障道路交通有序、安全和畅通。

（二）执勤规范

交通警察在指挥疏导交通时应当做到警容严整、举止端庄、动作规范、语言文明、忠于职守和严格执法。按照规定着装,佩戴交通警察标志,随身携带交通警察证件和执勤执法装备。具体的法律依据包括:

11

1.《道路交通安全法》的有关规定

第二十五条第一、二款："全国实行统一的道路交通信号。交通信号包括交通信号灯、交通标志、交通标线和交通警察的指挥。"

第三十八条："车辆、行人应当按照交通信号通行；遇有交通警察现场指挥时，应当按照交通警察的指挥通行；在没有交通信号的道路上，应当在确保安全、畅通的原则下通行。"

第三十九条："公安机关交通管理部门根据道路和交通流量的具体情况，可以对机动车、非机动车、行人采取疏导、限制通行、禁止通行等措施。遇有大型群众性活动、大范围施工等情况，需要采取限制交通的措施，或者作出与公众的道路交通活动直接有关的决定，应当提前向社会公告。"

第四十条："遇有自然灾害、恶劣气象条件或者重大交通事故等严重影响交通安全的情形，采取其他措施难以保证交通安全时，公安机关交通管理部门可以实行交通管制。"

第四十四条："机动车通过交叉路口，应当按照交通信号灯、交通标志、交通标线或者交通警察的指挥通过；通过没有交通信号灯、交通标志、交通标线或者交通警察指挥的交叉路口时，应当减速慢行，并让行人和优先通行的车辆先行。"

第四十六条："机动车通过铁路道口时，应当按照交通信号或者管理人员的指挥通行；没有交通信号或者管理人员的，应当减速或者停车，在确认安全后通过。"

2.《中华人民共和国道路交通安全法实施条例》的有关规定

第二条："中华人民共和国境内的车辆驾驶人、行人、乘车人以及与道路交通活动有关的单位和个人，应当遵守道路交通安全法和本条例。"

第三十一条："交通警察的指挥分为：手势信号和使用器具的交通指挥信号。"

（三）配备装备

交通警察在指挥疏导交通时应当配备多功能反光腰带、反光背心、警用文书包、手持台、警务通等装备，必要时可以配备枪支、警棍、手铐、警绳等武器和警械。使用摩托车执勤时还应当配备统一制式头盔、发光指挥棒、停车示意牌等装备。

（四）警力安排

交通警察在公路上（包括高速公路和城市快速路）指挥疏导交通时，不得少于二人，遇雾天、雨天、雪天等能见度低和道路通行条件恶劣的条件下设点执勤时不得少于三人。

（五）时间地点选择

指挥疏导交通时，应当根据道路条件和交通状况，一般需要实施交通疏导的时间主要有上下班高峰时段，道路改造、施工期间和大型活动时段。需要实施交通疏导的地点主要有交通流量大，道路比较拥挤，容易造成交通拥挤、阻塞的路口、路段；交通秩序状况差、公众反映比较强烈的区域；交通设施不全，交通安全隐患多的地段；交通事故易发的路口、路段。

（六）基本操作规程

1. 上岗前检查个人单警装备和随车其他警用装备。

2. 上岗前对执勤地点及周边道路进行巡视。

3. 选择交通指挥与疏导的正确站位，判定车流方向，站在安全且视野较好位置。

4. 应当注意观察道路的交通流量变化，指挥机动车、非机动车、行人有序通行，尤其观察执勤点的人流、车流与冲突点，并分析冲突点产生的原因。

5. 配合交通信号灯，采取定点指挥疏导和巡逻管控相结合的方法，实施交通指挥与疏导，运用手势指挥信号与装备加强对执勤点的管理，必要时进行人工干预。在信号灯正常工作的路口，可以根据交通流量变化，合理使用交通警察手势信号，指挥机动车快速通过路口，提高通行效率，减少通行延误；在无信号灯或者信号灯不能正常工作的路口，交通警察应当使用手势信号指挥疏导，提高车辆、行人通过速度，减少交通冲突，避免发生交通拥堵。

6. 交通警察遇到交通堵塞应当立即指挥疏导，遇严重交通堵塞的，应当采取先期处置措施，查明原因，向上级报告。具体地，接到疏导交通堵塞指令后，应当按照工作预案，选取分流点，并视情设置临时交通标志、提示牌等交通安全设施，指挥疏导车辆；在疏导交通堵塞时，对违法行为人以提醒、教育为主，不处罚轻微违法行为。

7. 在高速公路上执勤时应当以巡逻为主，通过巡逻和技术监控，实现交通监控和违法信息收集。必要时可以在收费站、服务区设置执勤点，发现高速公路交通堵塞，应当立即进行疏导，并查明原因，向上级报告或者通报相关部门，采取应对措施。

8. 多人合作时，应分工明确、协调配合，充分发挥管理效能，达到最终目标——执勤点或辖区道路有序、安全、畅通。

四、典型交通状况的交通指挥与疏导

（一）平面交叉口的交通指挥与疏导

平面交叉口的交通指挥与疏导一般是在路口内的任意一个直角点上，以路口中心点为轴，按照信号灯放行方向，沿四周人行横道线，交通警察以顺时针方向步行巡管，巡边人数的多少，根据路口交通警察的警力多少而定；[①]在没有信号灯或者信号灯不能正常工作的路口，交通警察可以使用手势信号指挥疏导，提高车辆、行人通行效率，减少交通冲突，避免发生交通拥堵。

（二）交通拥堵状况下的多点协调指挥与疏导

对于车辆交织引起的拥堵，交通警察应该首先指挥周边车辆停车等待，避免其继续涌向堵点，加大拥堵压力，然后再根据现场交通情况，确定若干个交通关联点疏导交通流，指挥交织车辆分离，解开堵点，引导车辆有序通行。如果城市快速路某一出口出现交通拥堵，就需要下游若干疏导点之间的协调管控；如果城市快速路主线出现长距离交通拥堵，就需要若干出入口之间进行协调指挥与疏导。

---

① 公安部道路交通安全研究中心编：《交通警察道路执勤执法指导手册》，人民交通出版社 2015 年版，第 8 页。

（三）重大交通事故的交通指挥与疏导操作规程

执勤交警遇到客运、货运以及运载危险品机动车发生重大交通事故时，出现大量人员伤亡、火灾或者危险品泄漏等突发情况时，处置现场中需要交通指挥与疏导时，应采取以下措施：

1. 及时了解情况，迅速上报

执勤交警接到道路交通事故报警或者出警指令后，应当按照规定立即赶赴现场。现场有人员伤亡或者其他紧急情况的，应当及时通知急救、医疗、消防等有关部门。发生现场一次死亡三人以上事故或者其他有重大影响的道路交通事故，应当立即向上一级公安机关交通管理部门报告，并通过所属公安机关报告当地人民政府；涉及营运车辆的，通知当地人民政府有关行政管理部门。涉及爆炸物品、易燃易爆化学物品以及毒害性、放射性、腐蚀性、传染病之病原体等危险物品的，及时向驾驶人、押运人及随车人员了解运载物品种类及可能导致的后果，立即将危险物品种类、危害程度、泄漏情况、物品损害和人员伤亡等情况，及时报告所属机关勤务指挥部门，或者按照规定同时报告当地人民政府；造成道路、供电、通讯等设施损毁的，应当通报有关部门及时处理。

2. 设置警戒区域

在重大事故现场划定警戒区域并设置警戒线，视天气和具体情况，在距中心现场周边，按照相关规定设置发光或者反光锥筒、警告标志、警戒带等警示标志和其他隔离设施。执勤警车应开启警灯，夜间还应当开启危险报警闪光灯和示廓灯。

3. 清理现场

疏散、清理现场的无关人员和车辆，禁止无关人员和车辆进入现场；必要时，该区域实施临时交通管制，在安全距离位置确定专人负责现场交通指挥和疏导，维护良好道路通行秩序。公路上发生道路交通事故的，驾驶人必须在确保安全的原则下，立即组织车上人员疏散到路外安全地点，避免发生次生交通事故。

4. 现场排堵与疏导

因道路交通事故导致交通中断或者现场处置、勘查需要采取封闭道路等交通管制措施的，还应当在事故现场来车方向提前组织分流，放置绕行提示标志，避免发生交通堵塞。

5. 现场管控

现场控制、保护肇事者和当事人，防止逃逸和发生其他意外；排除可能存在的隐患和险情，预防发生次生事故；确保应急通道的畅通，引导救援人员和车辆及时就位；随时上报现场后续情况。

6. 现场急救

（1）紧急施救

现场一旦出现火灾等险情，执勤交警应当立即联系消防部门，并及时实施现场急救。紧急施救需要注意以下几点：

一是灭火器材的选用。①可燃性气体火灾可以使用二氧化碳、干粉等灭火剂扑救；②常见的易燃、可燃液体火灾都能用泡沫灭火剂扑救；③遇水会反应的物质，我们应当选用干燥石墨粉或其他干粉灭火剂；④爆炸物品起火不能用砂土压盖，爆炸物品着火后，还不一定引起爆炸，如用砂土压盖后，物品着火产生的烟气就无法散发，使内部造成一定压力，极易造成爆炸。

二是有毒气体事故现场注意事项。现场一旦出现危险化学品泄漏的险情，执勤交警应当首先自我防护，立即组织现场人员撤至安全地点，时刻提醒在场人员尽量避免接触已经泄漏的危险化学品。①呼吸防护：应马上用手帕、餐巾纸、衣物等随手可及的物品堵住口鼻，手头如有水或饮料，最好把衣物等浸湿，有条件的最好能及时带上防毒面具、防毒口罩。②洗消：到达安全地点后，要及时脱去被污染的衣物，用流动的水冲洗身体、特别是曾经裸露的部分。③皮肤防护：尽可能戴上手套，穿上雨衣、雨鞋等，或用床单、衣物遮住裸露的皮肤，最好穿着防化服。④眼睛防护：尽可能戴上各种防毒眼镜、防护镜，或用游泳眼镜临时代替。

（2）现场急救

在医务人员到场前，执勤交警应当抢救现场受伤人员，解救被困人员。

7. 采集证据

重大事故现场的痕迹或者证据可能因时间、地点、气象等原因导致灭失的，执勤交警应当及时固定、提取或者保全，还需查找当事人、证人进行询问，并控制肇事者。

8. 收尾工作

专业人员勘查事故现场完毕后，执勤交警应当清点并登记现场遗留物品，迅速组织清理现场，开放管制的区域，并加紧指挥与疏导，尽快恢复交通秩序。

五、交通指挥与疏导的注意事项

（一）交通指挥疏导点的选择

主要选择交通流量大、交叉冲突点多、交通违法行为突出及容易发生交通拥堵的点位，如主干道交叉路口、畸形交叉路口、城市快速路出口下游局域路网关联交叉路口、城市快速路入口上游局域路网关联交叉路口等。临时需要设点执勤的，应当根据道路条件和交通状况，临时选择安全和不妨碍通行的地点进行，避免引发交通堵塞。

（二）交通疏导的站位选择

1. 站位尽可能在高点，便于驾驶人看到。

2. 站位不能对正常的交通流造成影响。

3. 在单向多车道选择站位时，应选择靠近车道分界线的位置，并在站位来车方向一定距离内布置反光锥形交通路标，既可以早提醒驾驶人，也有利于保护交通警察自身的安全。[①]

4. 实施强制分流时，应当选择在交通拥堵点上游的分流点来车方向 50～100 米处开始摆放锥形交通路标，可以使交通流平稳分流或合理绕行。

5. 站位尽量接近管理相对人，使其容易关注到交通警察的行为并及时做出反应予以配合，以保证指挥疏导效果。

（三）交通指挥与疏导时的安全防护

交通警察在道路执勤执法时应当明确执勤执法的任务、方法，严格执行安全防护规定，检查安全防护装备，注意自身安全。

---

① 金治富主编：《交通管理综合实训指导书》，中国人民公安大学出版社 2013 年版，第 65 页。

1. 执勤时必须穿着反光背心，在高速、快速路或恶劣天气执勤时，必须穿着专用防护服。

2. 驾驶警车巡逻执勤，执勤警车应当开启警灯，应当按规定保持车速和车距，保证安全。

3. 在公路上执勤时，不得少于二人。

4. 保持联系畅通，服从统一指挥和调度。

（四）其他事项

1. 早晚高峰指挥与疏导中，处罚道路交通安全违法行为要慎重，不宜与当事人长时间纠缠。

2. 除交通违法行为人驾车逃跑后可能对公共安全和他人生命安全有严重威胁外，交通警察不得驾驶机动车追缉。宜采取记下车号牌，事后追究法律责任，或者通知前方执勤交通警察堵截等方法进行处理。

3. 不要因自身的过错与交通违法行为人或者围观群众发生纠纷或者冲突。

4. 执勤时不得从事非职责范围内的活动。

第二部分　实训方案

一、实训目的与要求

在道路交通管理实践中，指挥与疏导是密不可分的综合工作，交通指挥包含了交通疏导的因素，而疏导的过程就是交通指挥的具体操作。[①] 通过实训，要求学员能够理解和熟练、正确掌握交通手势指挥的规范动作要领；具备熟练运用交通警察手势信号对一般道路交通活动进行指挥与疏导的应用能力；具备对辖区道路交通拥堵状况进行分析，及时查找原因和寻求解决方案

[①] 汤三红、程志凯、胡大鹤主编：《道路交通管理教程（修订本）》，中国人民公安大学出版社2007年版，第27页。

的能力；具备能够恰当地确定交通疏导点，并熟练使用指挥疏导管控技术进行现场交通指挥和疏导的能力；具备进一步分析常态与偶发性交通拥堵的原因及特征，建议改善信号灯相位、周期的能力；具备恰当选择交通疏导执勤点，自我保护和安全防护的能力；具备完善或改进辖区内道路交通管理设施合理设置的能力等。总之，从培养学员的交通指挥与疏导等实际工作能力的角度出发，要求学员在理解和熟练掌握交通手势指挥的规范动作要领的基础上，具备熟练交通指挥疏导、消除交通安全隐患及应急处置等工作能力。

通过以上环节内容的实训，以及通过采用讲授法、示范模仿法、讨论法、训练法等多种方法的训练，在深入理解所学专业知识的基础上，侧重培养学员的创新意识、独立分析和解决问题的能力，提高其对一般道路交通活动和典型交通状况的指挥与疏导能力。同时，也提高了学员自主学习能力以及对公安交通管理工作的兴趣、强化职业素养，并且在以小组为单位的实训过程中，在一定程度上培养了学员的团队精神和合作意识。

二、实训内容

（一）交通手势指挥动作训练

具体包括停止信号手势、直行信号手势、右转弯信号手势、左转弯信号手势、左转等待信号手势、靠边停车信号、减速慢行、变道一共八种公安部规定的交通手势。

（二）路口交通指挥疏导实训

选择城市某主干道信号灯控路口（图1-9），在当地公安交管部门的支持和具体指导下，以小组为单位，路口交通指挥疏导一般采用步行巡管方式，小组成员确定好自己的站位，尤其是在上下班、上放学高峰时间段易出现堵塞情况下，采取及时有效的交通疏导措施，疏散车流和人流，由小组成员配合完成路口交通手势指挥和疏导工作。

图1-9　城市某主干道信号灯控路口

（三）交通拥堵点段及附近区域的交通指挥疏导实训

选择辖区内某个易发生交通拥堵点或者相关联的交通拥堵点（图1-10），针对交通拥堵点周边局域路网内确定彼此关联的交通疏导点，在当地公安交管部门的支持和具体指导下，以小组为单位，配备相应警力及确定点位，并在实际的交通环境下，由小组之间配合完成交通拥堵点及交通关联点之间协调进行的区域性交通指挥和疏导工作。

图1-10　城市内易发生交通拥堵点或者相关联的交通拥堵点

三、实训条件

（一）实训器材及装备

交警反光背心、多功能反光腰带、白手套、警用哨子、手持台、警务通、执法记录仪、警用文书包等基本单警装备以及统一制式头盔、发光指挥棒、停车示意牌等装备；必要时可以配备枪支、警棍、手铐、警绳等武器和警械。

（二）实训场地

交通手势指挥动作训练可以在校园内室外训练场地上进行；路口交通指挥疏导实训可以在某一信号灯控（或校园内模拟）路口开展；交通拥堵点段及附近区域的交通指挥疏导实训选择在容易发生交通拥堵点及交通关联点，如城市快速路出入口上下游端点及周边交通关联点。

四、实训组织

根据交通手势指挥的实训任务和学员特点，综合师资、实训条件及环境等情况考虑，由教师、教官教授学员交通手势的基本动作，进行透彻讲解，及时纠正不正确动作，反复练习直至熟练为止。并以实训小组为单位，指导学员进行路口及区域交通指挥疏导实训，要求学员自行讨论小组成员分工、设计情境、实战演练、突发事件处置等。具体地，交通指挥与疏导实训的组织如下：

（一）前期准备

1. 学员

要求学员在学习道路交通秩序管理专业知识的基础上，通过自学及观看视频、街头调查等方式，预先了解公安部规定的八个交通手势的基本动作。

2. 实训教学团队

由院校教师和基层交通管理部门聘请的实战教官组成实训教学团队，负责实训的指导和考核等工作。

（二）实训方法与步骤

实训以区队为单位，根据每一个阶段训练内容的不同，学员们分成若干小组，每个小组5~8人，设置小组长1名，每个执勤点布置4~5名学员，并有1~2名实战部门人员予以指导。按照实训内容及由易到难的顺序，实训基本步骤如下：

1. 交通手势指挥动作训练

（1）老师精讲，学员模仿训练；

（2）分解动作训练，教师进行具体指导、修正；

（3）个人体会练习；

（4）进行综合训练，增强手势指挥疏导的实用性和协调性；

（5）分组检查考核交通手势动作与综合演练；

（6）考核完毕，教师点评。

2. 路口交通指挥疏导实训

（1）选择确定实训路口；

（2）讨论小组人员分工，确定勤务方案；

（3）到达指定路口，明确站位；

（4）熟悉环境，指挥疏导；

（5）教官指导，分组考核。

3. 交通拥堵点段及附近区域的交通指挥疏导实训

（1）选择交通拥堵点段，分析确定交通拥堵点周边区域确定彼此关联的交通疏导点及其疏导路线；

（2）调查分析交通拥堵点及其周边区域交通特点，根据交通疏导的原则和要求，拟定交通勤务方案；

（3）安排部署警力，按时派送学员到达指定点位；

（4）熟悉交通疏导点的交通环境，并根据交通流量的变化及时调整疏导方案，实现与其他疏导点的协调管控。

（5）教官指导，完成考核。

五、实训考核及评分标准

(一) 评分依据

交通手势信号是交通警察迅速、果断地处理各种交通情况的指挥意志的体现，要求反映出交通警察指挥严肃、权威、清楚，注意力应集中，反应迅速的特点。具体参照如前图示中的公安部交通警察手势指挥标准以及路口实际指挥疏导效果。

(二) 考评指标要求

警容严整；精神饱满；动作准确有力；指挥疏导正确恰当。

(三) 分数等级

按5等记分。优：90分以上；良：80～89分；中：70～79分；及格：60～69分；不及格：59分以下。

(四) 考核的实施

由教师、实战教官组成考核小组，分别进行单警的交通手势基本动作的考核和以实训小组为单位的路口交通手势指挥实训考核，最后由教师、教官就学习、训练及实战考核的整体情况进行点评。实训小组根据各自实训情况提交实训书面报告，实训报告要求客观、真实、全面、清晰，反映交通指挥与疏导实训的全过程，并完成最终的分数考评，以百分制计算，其中交通手势指挥动作训练占20%、路口交通指挥疏导实训占30%、交通拥堵点段及附近区域的交通指挥疏导实训占30%、实训书面报告占20%。

参考文献：

[1] 公安部道路交通安全研究中心编. 交通警察道路执勤执法指导手册[M]. 人民交通出版社，2015.

[2] 金治富主编. 交通管理综合实训指导书[M]. 中国人民公安大学出版社，2013.

[3] 汤三红、程志凯、胡大鹤主编. 道路交通管理教程（修订本）[M]. 中国人民公安大学出版社，2007.

实训项目二　交通流量调查

问题引导：

什么是交通流量调查；交通流量调查的方法是什么；交通流量调查的目的和作用是什么；交通流量调查步骤有哪些

第一部分　业务详解

交通流量调查指的是一定时间、一定期间或连续期间内，对通过道路某一断面各种类型交通单位数量的观测记录工作。[①]

一、交通流量调查的方法

（一）人工计数法

人工计数法是我国目前应用最广泛的一种交通流量调查方法，是指由一个或几个调查人员在指定的路段或交叉口引道一侧进行调查，其组织工作简单，调配人员和变动地点灵活。适用的工具除必备的计时器（手表或秒表）外，一般还需手动（机械或电子）计数器和其他记录用的记录板（夹）、纸和笔。

安排人员在指定地点按调查工作计划进行交通流量观测。人工观测用原始记录表格配合计时器以画"正"字记录来往车辆，也可以用机械或电子式的简单计数器记录。按统计要求，将记录结果登记于记录表格上；根据调查计划要求，一般应分车型、来去方向进行记录，有时还要分车道记录。

---

① 王建军：《交通调查与分析》，人民交通出版社 2010 年版，第 25 ~ 54 页。

人工计数法适用于任何地点、任何情况的交通流量调查、机动灵活，易于掌握，精度较高，资料整理也很方便。但是，这种方法需要大量的人力，劳动强度大，冬、夏季室外工作辛苦。对工作人员要事先进行业务培训，加强职业道德和组织纪律性的教育，在现场要进行预演调查和巡回指导、检查。另外，如需长期连续的交通流量调查，由于人工费用的累计数很大，因此需要较多费用，一般最适用于作短期的交通流量调查。

（二）浮动车法

浮动车法一般需要有一辆测试车，小型面包车最好，吉普车或小汽车也可以，座位以足够容纳调查人员为宜。为了工作方便，不引人注意，尽量不要使用警车等有特殊标志的车。

浮动车法一般需要驾驶员 1 名，观测记录人员 3 名。其中 1 人记录与观测车反向行驶的会车数，1 人记录与测试车同向行驶的超车数和被超车数；另 1 人记录观测车、往返行驶时间。当交通流量较小时，可以减少观测记录人员。行驶距离应已知或由里程碑、地图读取，或由有关单位获取，如不得已则应亲自实地丈量。在调查过程中，测试车一般需沿调查路线往返行驶 2～16 次（6～8 个来回）。总的行驶时间，借鉴美国国家城市运输委员会的规定，主要道路为每英里（合 1.6 km）30 分钟，次要道路为每英里 20 分钟。

（三）摄像（影）法

目前常用摄像机作为便携式记录设备，可以通过一定时间的连续图像给出连续的交通路详细资料。在工作时要求升高到工作位置（或合适的建筑物），以便能观测到所需的范围。将摄制的录像重新放映出来，按照一定的时间间隔以人工来统计交通流。这种方法搜集交通流量或其他资料数据的优点是现场人员较少，资料可长期反复应用，也比较直观。其缺点是费用比较高，整理资料花费人工多。

对于交叉口交通状况的调查，往往可采用摄像法。通常将摄像机安装在交叉口附近的某制高点上，镜头对准交叉口，连续摄像，可以得到最完全的交通资料，对于如自行车、行人交通流量、分车种分流向的机动车交通流量、车辆通过交叉口的速度及延误时间损失、车头时距、信号配时、交通堵塞原因、各种行人与车辆冲突情况等，均能提出令人信服的证据，并且资料可以长期保存。其缺点是费用大，作业整理工作量大。

二、交通流量调查的基本内容

（一）道路交通流量调查

获取道路全年完整的交通流量数据，摸清交通流量的变化规律，求出交通流量的各种变化系数，供其他仅有局部数据的观测站或条件类似的路段推算年平均日交通流量。

（二）平面交叉路口交通流量调查

为了获取有关交通流量的实况、通行能力、流向分布、交通流量变化及高峰小时交通流量和交通组成等方面资料，以便对交叉口的运行效能做出准确的评价，提出交通管理、控制措施或改建、扩建方案。

（三）路网交通流量调查

通过交通流量调查获取数据，绘制某一区域道路网的交通流量图，以供运输规划、路网规划、编制道路养护维修计划等使用。

（四）小区出入交通流量调查

进行小区出入交通流量调查，是确定进入和流出某个特定的、根据自然条件或根据需要人为划定的一个完全封闭小区的交通流量。进入与流出交通流量之差，可以表征小区内累计交通流量的增加或减少情况。

三、交通流量调查的基本要求

根据选择的项目，提交与之对应的交通调查实验报告：
（一）调查表格及设计说明。
（二）调查实施情况说明，包括选点、人员安排、图纸等。

（三）调查原始数据。

（四）实验报告，要求文理通顺、层次分明、书写整洁、方法正确，设计内容符合技术标准、规范要求。

（五）实验时间为 4 学时。

四、交通流量调查的注意事项

（一）对交叉口交通流量的观测，必须根据交叉口的条件和特点、交通情况确定观测断面及人员配备。

（二）调查日期，除专门的目的外，一般应避开星期六、星期日和节假日。天气则应避开雨、雪等影响正常交通情况的恶劣天气。

（三）在浮动车法中，行程时间在记录时以分、秒计，但在公式计算中，秒应以分的百分数计，以便直接计算。

（四）浮动车法调查延续的时间较长，为了真实反映交通情况，应注意路段和行程时间不要太长，尽可能分段以较短时间完成调查。

（五）浮动车法观测到的交通流量是一个平均值（当以平均值计算时），是表明在整个观测时段内的平均值，而由每一次观测所得的数据计算的交通流量才是该时段的交通流量。

（六）调查过程中要注意安全。

第二部分　实训方案

一、实训目的与要求

（一）掌握交通流量调查的基本方法及其适用范围。

（二）熟悉并掌握交通调查的各个环节，自行设计调查方案及其表格，自行组织实施交通调查，获取设计所需的有效数据。

（三）掌握交通调查原始数据的处理与分析方法。

（四）通过调查，搜集交通流量资料，了解交通流量在时间、空间上的变化和分布规律。

（五）通过交通流量调查掌握交通实态。

（六）学会运用交通流量调查的结果推算道路的通行能力及道路运输成本和效益。

（七）学会对调查数据进行整理与分析。

二、实训内容

（一）在校区附近选择合适的平面十字交叉路口，用人工观测法对交叉口的交通流量进行观测，交叉路口几何形状如图 2 – 1 所示。

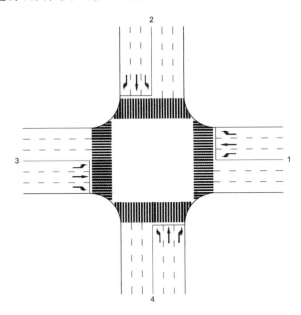

图 2 – 1　平面十字交叉口几何形状图

（二）城市道路交叉口交通调查，包括调查方案设计及其组织实施。

（三）主要完成十字交叉口的几何条件数据的调查，完成道路交通管理设施的数量及规格、位置调查，完成平面十字交叉路口各进口、出口的机动车交通流量调查，完成各进出口人行横道处的行人交通流量调查，对所有通过调查点的机动车分车型、分流向进行计数并准确记录。

三、实训条件

本实验完成需要的器材主要有：手持多功能调查仪、激光测距仪、轮式测距仪、皮尺、坡度仪、夹板、铅笔、摄像机（需配套固定脚架）、照相机、遮阳（雨）伞，记录表、计算机及 Excel、AutoCAD 等数据处理或绘图软件。

（一）手持多功能调查仪

手持式多功能交通调查仪（如图 2-2 所示）用简单的按键操作代替繁复的手写记录车流量，能适应多种交通调查需要，降低人工调查工作强度，提高人工调查数据客观性，扩展人工调查内容。设备可以实现调查数据自动导出，无须人工进行数据录入，结合配套交通调查数据处理分析软件，可以为各调查目标提供强大的数据处理及分析功能，为交通组织优化提供重要基础资料。

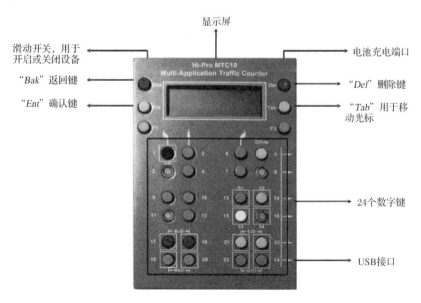

图 2-2 手持多功能调查仪

（二）激光测距仪

激光测距仪（如图 2-3 所示）的基本工作原理是利用工具发出激光束遇

29

到反射式目标表面再反射回来的方式测得距离。在本项目中主要用于难以通过人工测量的交通标志的长度、宽度，为了解核查交通标志设置现状及是否符合相关技术规范要求提供数据支撑。

（三）轮式测距仪

轮式测距仪（图2-4所示）主要是利用工具滚动的轨迹长度作为所测距离，常用于测量交织段长度等难于直接测量的距离测量。

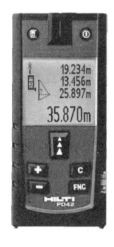

图2-3 激光测距仪 　　　　　　　图2-4 轮式测距仪

（四）记录表

本项目需使用十字交叉口几何条件调查记录表（如表2-1所示）、十字交叉口交通管理设施调查记录表（如表2-2所示），十字交叉口交通流量观测记录表（如表2-3所示）、十字交叉口行人交通流量调查记录表（如表2-4所示）。调查表格的设计应该记录进行观测时观测环境的具体情况和所观测交通流量的实时数据。观测环境情况如交叉口名称、路口形式、路口控制方式、日期、星期、天气、观测断面、观测方向、观测时间、计时员、计数员、记录员等；观测交通流量实时数据应该分车型记录。

1. 十字交叉口几何条件调查记录表

交叉口名称应写明两条相交道路的名称，如××路与××路的交叉口；

路口形式应填写交叉口的形式，如正十字交叉口、×型交叉口等；路口控制方式应填写交叉口交通管理控制方式，如无控制平面交叉口、普通灯控平面交叉口、展宽灯控平面交叉口等；日期和星期应填写调查当日的日期和星期，调查日期应选择工作日，避开周末和节假日；天气应填写调查当日的天气状况，如晴、多云、雨等，通常应选取天气晴朗的日子，避开雨、雪、雾等影响正常交通情况的不利天气；观测断面应填写观测所在位置，如东进口、南进口、西进口、北进口等；观测方向应按照车流的方向填写，如由北向南、由西向东等；观测时间应填写实际观测的起始时间；计时员是负责计时间的人员；计数员是指进行交通流量计数的人员；记录员是专门记录观测数据的人员。

观测时间段为记录间隔时间，一般为15分钟，也可以采用10分钟或5分钟作为记录间隔时间。平面十字交叉口交通流量观测时间一般应选在高峰时段进行，持续时间不低于1小时，最好持续2小时。

路幅宽度，应当测量包括道路车行道及道路隔离设施的路面宽度。机动车道数对于划设了车行道的道路直接计数即可，否则不予计数；机动车道宽度可按划设的车行道分别测量其宽度，从右至左以"/"隔开予以记录；机动车道功能划分是指车流行驶的方向。

表 2-1 十字交叉口几何条件调查记录表

交叉口名称_____ 控制方式_____ 调查日期_____ 调查时间_____
计量员_____ 记录员_____ 安全保护员_____

项目	单位	进出口方向							
		1		2		3		4	
		进口	出口	进口	出口	进口	出口	进口	出口
路幅宽度	m								
机动车道数	条								
机动车道宽	m								
机动车道功能划分	—								
横坡	%								
纵坡	%								

长度	m								
中央分隔带宽	m								
机非分隔带宽	m								
非机动车道宽	m								
人行道宽度	m								
展宽路段长度	m								
渐变路段长度	m								
缘石半径	m								

2. 十字交叉口交通管理设施调查记录表

交通管理设施特别是交通标志的规格最好包括长宽高尺寸；相对位置为其相对基准点或其他设施距离，可以通过绘制草图形式加以标记，否则应当在备注栏中注明其相对位置的参考点；实拍图像应记录所拍照片保存的顺序或编号。

表 2 - 2　十字交叉口交通管理设施调查记录表

交叉路口名称＿＿＿　控制方式＿＿＿　观测进出口道路名称＿＿＿　调查日期＿＿＿

调查时间＿＿＿　　　计量员＿＿＿　　摄像员＿＿＿记录员＿＿＿　安全保护员＿＿＿

编号	设施名称	设施规格	相对位置	实拍图像	图像编号	备注

3. 十字交叉口交通流量观测记录表

对于十字交叉口交通流量观测记录表，交叉口名称、路口形式、控制方式以及日期、星期、天气均按前面提及的方法进行填写。观测断面应当填写所在进出口编号。车型划分，可根据事先掌握的情况来进行车辆划分的调整。

对于非中心城区存在货车的十字交叉口，在实地调查时，可在记录表中增加货车栏，其车型划分为小型、中型、大型、特大型等四种车型。

表2-3　十字交叉口交通流量观测记录表

交叉路口名称___　路口形式___　控制方式___　日期___年_月_日_　星期___
天气___　　观测断面___　　流向___　　计数员___　　摄像员___　　记录员___

观测时间段	客车			摩托车	非机动车	小计
	小型	中型	大型			
合计						

4. 十字交叉口行人交通流量调查记录表

在十字交叉口行人交通流量调查记录表中，行人过街的控制方式为信号灯控制或无控制，行人过街观测断面为所在进口编号，流向可用道路两侧易于区分的单位或建筑名称来区分。

表2-4　十字交叉口行人交通流量调查记录表

交叉路口名称___行人过街控制方式___日期___年_月_日___星期___天气___
行人过街观测断面___　计数员___

观测时间段	流向1（　→　）	流向2（　→　）	备注

四、实训组织

（一）组织方案

1. 人员分工

平面十字交叉口交通流量调查需要四组调查人员，每组五人，推选一人担任组长，一个小组负责一个观测点。小组中五人分工如下：一人负责计时，一人负责左转流向交通流量计数，一人负责直行流向交通流量计数，一人负责右转流向交通流量计数，一人负责交通流量数据记录。调查人员不足时，也可以由一人兼任计时员和记录员。

2. 时间进度安排

调查的时间进度应该周密安排（如表 2-5 所示），参与调查的所有人员应该在规定时间内完成工作内容。

表 2-5　平面十字交叉口交通流量调查工作时间安排表

时间	工作内容	负责人	备注
	实验器材领取及操作训练		
	外出调查集合		
	外出调查出发		
	交通流量观测		
	调查结束		
	收队返校		
	数据整理		
	数据分析		
	撰写调查报告		
	归还实验器材		

（二）实验步骤

本实验按如下步骤实施：熟悉调查方法及领取实验器材、实地分车型调查观测点的交通流量、数据整理、数据分析、撰写调查报告。

1. 熟悉调查方法及领取实验器材

（1）调查人员在调查前应提前熟悉整个调查进行过程及调查方法，做好调查准备；

（2）领取实验器材，调查人员应检查调查表格、器材和文具，提前填写表头，熟悉表格填写。

2. 实地分车型调查观测点的交通流量

调查当日每个小组调查人员应按照规定的时间到达指定地点，提前来到现场，找到便于清楚观测且能确保自身安全的合适位置，平面十字交叉口交通流量观测位置一般设在平面十字交叉口各入口引道的停车线处（如图 2－5 所示）。

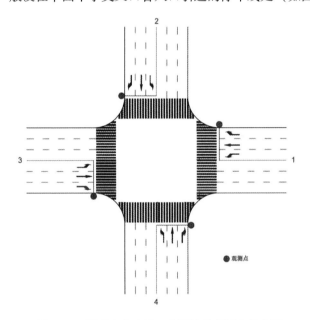

图 2－5　平面十字交叉口交通流量观测点分布图

到达观测位置后，计时员负责按观测时间段计时，计时开始后，3 名计数员分别计数左转、直行和右转的机动车交通流量，计数员要注意分车型计数，可以用画"正"字的方法进行计数，下一个观测时间段开始，又重新按上述方法开始计数。每个观测时间段结束，记录员负责将左转、直行和右转的机动车交通流量分别填写到平面十字交叉口交通流量观测记录表中。在调查过程中每位调查人员应该仔细认真，做好计数和记录，对表中数据记录时填写清楚、完整。

3. 数据整理

（1）计算当量交通流量

将实地观测采集的分车型交通流量数据，换算为当量交通流量。目前我国城市道路以小型车为标准换算车辆，换算系数见表2-6。

表2-6　各种车辆对标准车的换算系数

车辆类型	小型车	中型车	大型车	特大型车
折算系数	1	2.4	3.6	4.8

注：根据《城市道路交叉口规划规范》（GB50647-2011）的相关规定，小型车长L≤6m的车辆；中型车指6m<L≤12m的车辆；大型车指12m<L≤18m的车辆；特大型车指L<18m的车辆。

（2）汇总平面十字交叉口交通流量

将平面十字交叉口4个小组的换算后的交通流量数据汇总，填于平面十字交叉口交通流量汇总表（如表2-7所示）。

表2-7　平面十字交叉口交通流量汇总表

交叉口名称_____　　　　路口形式_____　　　　控制方式_____

日期__年__月__日　　　　星期____　　天气____　　观测时间_____

观测人员_____

观测时间段	东进口道				西进口道				东西合计	南进口道				北进口道				南北合计	总计
	左转	直行	右转	合计	左转	直行	右转	合计		左转	直行	右转	合计	左转	直行	右转	合计		
小计																			

4. 数据分析

（1）绘制各时段交通流量变化曲线图或柱状图

根据表2-7汇总的数据，以观测时间段为横坐标，交通流量为纵坐标作图，可以作曲线图，也可以作柱状图。

（2）绘制平面十字交叉口流量流向图

根据表2-7汇总的数据，在平面十字交叉口平面图上作出流量流向图。

（3）计算高峰小时系数PHF值

根据公式计算高峰小时系数PHF值：

$$PHF = \frac{高峰小时交通量}{t \times 高峰时段的扩大小时交通量} \times 100\%$$

（4）核查道路车道设置及交通标志、交通标线设置等交通管理设施设置是否符合相关技术规范要求。

5. 撰写调查报告

调查报告主要包括调查组织实施情况、调查成果和调查结论。

（1）调查组织实施情况

主要包括调查时间、调查地点（包括交叉口基本情况）、调查人员分工、调查方法以及调查内容等。

（2）调查成果

尽量通过图表的形式，介绍调查获得的交通流量的原始数据及数据分析结果。

（3）调查结论

介绍调查过程中发现的交通流运行特点、道路车道设置及道路交通管理设施设置存在的问题。

五、实训考核及评分标准

本实验以个人考核形式进行考核，成绩为优秀、良好、中等、及格和不及格共5个等级，从调查表现、数据分析处理、调查报告撰写等三方面进行评价，其分值占比分别为40%、20%、40%，根据最终得分评定为优秀（90~100分）、良好（80~89分）、中等（70~79分）、及格（60~69分）、不及格（低于60分）。三项考核指标的满分标准如下：

（一）调查表现

1. 遵守调查纪律（10分）；

2. 计数或测量、记录、摄像真实（20分）；

3. 原始记录表格填写规范（10分）。

（二）数据分析处理

1. 换算标准引用正确（10分）；

2. 计算方法、计算结果正确（10分）。

（三）调查报告撰写情况

1. 结构清晰（5分）；

2. 逻辑连贯（5分）；

3. 图表制作规范（10分）；

4. 文字描述规范、流畅（10分）；

5. 调查结论严谨、有创造性（10分）。

参考文献：

［1］王建军. 交通调查与分析［M］. 人民交通出版社，2010.

［2］公路工程技术标准（ JTG B01 –2014）［S］. 中华人民共和国交通运输部，2014.

［3］邵长桥. 交通调查与数据分析［M］. 人民交通出版社，2016.

实训项目三　交通信号配时

什么是道路交通控制；设置信号控制的依据是什么；交通信号配时的基本参数主要有哪些；交通信号配时的计算步骤有哪些

第一部分　业务详解

交通信号配时是在交通调查的基础上进行的，主要包括交叉口的相位设计、关键车道的确定、信号配时参数的计算等环节。

一、交通信号配时的基本要素

道路交通控制是指依据道路交通管理法律法规，采用交通信号，对道路上的行车、停车、行人和道路使用进行控制，使之畅通有序地运行。

（一）交通流量分析指标

1. 整小时流量

在一个小时内，通过道路某一地点、断面或某一车道的交通实体数。

2. 15 分钟累加小时交通流量

是以 15 分钟为 1 个间隔时间，将相邻 4 个 15 分钟的流量进行累加进而得到的小时交通流量。

3. 日交通流量

一天 24 小时内所有通过道路某一地点、断面或车道的交通实体数。

4. 月交通流量

一个月内所有通过道路某一地点、断面或车道的交通实体数。

5. 日高峰小时交通量

一天 24 小时内交通量最高的某一小时的交通量，具体可以分为早高峰和晚高峰的小时交通量。

（二）信号控制相位相序

1. 相位

信号灯色周期地进行更换，但每个灯色都保持显示一段时间，这个时间称为一个相位。

2. 相序

相位的运行顺序即为相序，通常按照车流获得通行权的顺序来排列相位。

（三）信号通行规则

1. 信号绿灯时间

信号绿灯表示车辆可以通行。在平面交叉口，面对绿灯的车辆可以直行、左转或者右转，左转、右转车辆必须让合法通行的其他车辆和人行横道线内的行人优先。

2. 信号红灯时间

信号红灯表示不允许车辆通行，面对红灯的车辆不能越过停车线。

3. 信号黄灯时间

信号黄灯表示即将亮红灯，面对黄灯的车辆应该依次停在各进口道停车线以外。当黄灯启亮时，已经进入交叉口的车辆可连续通行，驶离交叉口。黄灯时间的设置，是基于交叉口交通安全方面的要求。黄灯时间的取值范围一般是 3 ~ 5 秒。黄灯时间不宜较长，当黄灯时间大于 5 秒时，超出部分通常用全红时间取代。

4. 全红时间

全红时间是指交叉口处于四面全红的控制状态下的一段红灯时间。此时，任意一个进口道的车辆均不许进入停车线，从而使滞留在交叉口区域内的车辆能够安全地疏散。因此，全红时间具有清空路口的作用，并提供较大的安全余地。全红时间的取值与交叉口的道路条件和交通条件有关，应根据交叉口的具体情况进行调整。

5. 相位过渡时间

一个信号相位绿灯时间结束，到下一个信号相位绿灯时间之间的时间间隔，称为相位过渡时间。

（四）信号配时基本参数

1. 信号周期

信号灯色显示一个循环所需的时间，称为信号周期，信号周期同时又是各个相位的时长之和。把一个周期内不同相位的灯色及时长用图的形式表示出来就是信号配时图，为了直观明了，通常用信号配时图来描述信号周期。

2. 相位有效绿灯时间

绿灯时间段内能充分被利用的时间，称为有效绿灯时间，等于绿灯时间减去前后损失时间。

3. 相位损失时间

相位损失时间是指在一个信号相位时间内，不能充分被利用的时间，包括相位绿灯信号时段前后损失时间和相位时间内的全红时间。

4. 周期损失时间

一个周期内的总损失时间，称为周期损失时间，等于各相位损失时间之和。

5. 周期有效绿灯时间

在一个周期内，总有效绿灯时间称为周期有效绿灯时间，等于各信号相位有效绿灯时间之和。

6. 相位绿信比

相位绿信比等于相位有效绿灯时间与信号周期之比。

7. 周期绿信比

周期绿信比等于周期有效绿灯时间与信号周期之比。

8. 饱和流率

交叉口进口道饱和流率的基本单元是车道饱和流率，是一条进口道在一次连续的绿灯时间内，能够连续通过停车线的折算为小轿车的最大车辆数。车道饱和流率与道路条件、交通条件、渠化条件、信号条件、环境条件等有关系。

二、交通信号控制模式分类

（一）按照控制范围划分

按控制区域划分可分为单个交叉路口的控制（点控制）、交通干线的协调控制（线控制）以及区域交叉路口的网络控制（面控制）。

1. 单个交叉路口的控制（点控制）

当某个交叉路口与其相邻的交叉路口相距较远时，可以利用一台信号控制器控制其信号的变化，称为单点信号控制，又称为孤立交叉口信号控制。点控制还被应用于高速公路的单一入口或出口匝道的控制。其特点是相邻的交叉口之间在信号配时上相互没有关联，各自独立调整和运行。点控制可使用人工控制、定时控制和感应式控制。

2. 交通干线的协调控制（线控制）

这种控制方式将城市某条道路或路网某个范围内的主要信号交叉口视为一个整体，从系统论的观点出发，使各交叉口的信号在配时上遵循一定的规律，互相关联和制约，使整体处于最佳运行状态。这种方式称为信号的协调控制，也叫绿波交通。

3. 区域交叉路口的网络控制（面控制）

区域交通控制系统是对整个城市范围内或者城市的一个区域内的交通信号控制做统一控制及操作的（网络）控制系统。根据需要，系统的控制目标可以有所不同，所以它的目标函数可以用网络的总延误和停车率的加权和表示，也可以用平均车队长度或总的油耗作为系统的目标函数。

（二）按照控制方式划分

1. 定时控制

交叉口交通信号控制机均按照事先设定的配时方案运行，也称定周期控制。一天只用一个配时方案的称为单段式定时控制，一天按照不同时段的交通量采用几个配时方案的称为多段式定时控制。最基本的控制方式是单个交叉口的定时控制。线控制、面控制也都可用定时控制的方式，称为静态线控系统、静态面控系统。

2. 感应控制

感应控制是在交叉口进口道上设置车辆检测器，信号灯配时方案由计算机或智能化信号控制机计算，可随检测器检测到的车流信息而随时改变的一种控制方式。感应控制的基本方式是单个交叉口的感应控制，简称单点感应控制。单点感应控制随检测器的设置方式不同，可分为：

（1）半感应控制：只在交叉口部分进口道上设置检测器的感应控制。

（2）全感应控制：在交叉口全部进口道上设置检测器的感应控制。

用感应控制方式的线控和面控就是交通信号自动控制系统，即自适应控制系统。

三、交通信号配时的基本步骤与内容

（一）设计基本流程

交通信号控制设计流程包含 5 个独立的步骤，可根据是对配时方案的轻微调整或是对整个地区范围或干道的重新配时进行选择，具体包括项目范围界定、交通现状数据分析、交通信号配时方案、现场实施和方案调整、方案效益评估等，如图 3-1：

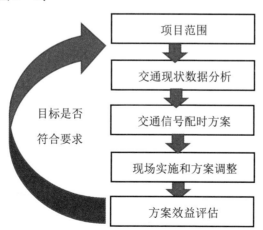

图 3-1 交通信号控制设计流程及步骤

（二）界定项目范围

项目范围界定是信号控制设计的关键部分之一。项目范围确定了目标、标准和过程、研究领域、评估指标和配时方案的数量。

1. 确定控制目标

确定控制目标是制定区域配时方案的基础。常见的控制目标包括减少停车次数、延误和干线行程时间。在项目范围确定阶段，还应当考虑鉴别已知问题。这些问题可能是由于公众意见，工作人员的观察或已知的不合理的政策所致。在项目范围确定阶段，问题识别连同目标确定是一个迭代的过程。换句话说，以前发现的问题有助于完善项目目标，对目标的清晰定义也有助于问题更加清晰并得以轻松解决。

除了上面确定的重点策略外，作为项目范围确定流程的一部分，还有一些具体的程序和标准需要确认。标准确定用于配时改变、清空时间间隔、感应配时设置和行人配时等的参数。

2. 选择效益评估指标

项目范围一经确定，就必须选择评价配时工作是否成功的效益评估指标。一般采用停车次数和延误，因为它们对信号配时的变化最为灵敏，是机动车驾驶人能体验到的最为显著的改善效果。但是还需要考虑其他因素，包括资金来源、是否需要向公众公布结果、环境等。美国 FHWA 的一些项目强调采用评估指标集合，其中行程时间及停车次数、延误和平均车速最为重要。

（三）调查分析现状与历史

交通现状数据通常归类为交通特性、交通控制设备、交叉口几何条件和历史事故数据。这些都是已有交叉口的数据采集对象，如果交叉口不存在，就需要对其进行预估。

1. 统计分析交通流量

（1）24 小时交通流量

24 小时交通流量应在干道上的关键位置采集。这些位置由高峰小时时段和干道交通模式决定。24 小时交通流量是数据采集工作中很重要的元素，可用来识别：在工作日和周末使用的配时方案数；配时方案切换时间；转向车流交通量统计中的交通量调整因子；干道不同方向的交通量分布。

（2）转向交通量统计

转向交通量统计通常在需要考虑重新配时的各交叉口采集。根据沿干道的交通量和交通模式，转向交通量统计通常只需在高峰期进行，通常是工作日早上、中午和晚高峰时段。在数据采集工作中，可能需要考虑季节性交通模式。交叉口转向交通流量统计对有代表性的时段进行采集，应根据交叉口进口道（如北向、南向等）以及车流（如左转、直行或右转），行人、车辆类型（包括公交车）来进行分类，对交叉口所有车辆交通量进行统计。

（3）行程时间

行程时间可以用来校准已有的分析模型，以及新配时方案实施前后的干道运行效果。通过沿干道行驶，采用电子设备记录下延误、停车次数和行驶时间，可计算出行程时间。以下信息可以从研究中采集来用于配时方案平均行程时间、交叉延误、交叉口停车次数和速度。进行信号配时方案改进时，行程时间和速度是常见的评估指标。作为确定已有信号配时质量及是否需要重新配时的一种手段，对行程时间进行分析也是一种手段。

2. 调查道路功能布局

应该进行现场实地调研，记录相关几何和交通控制数据。数据包括车道数、车道宽度、车道功能分布情况（如左转、直行、直右等）、转向车道长度、人行横道长度、各方向交叉口宽度，记录这些信息常用交叉口几何形状图。

3. 实地观察分析

信号控制设计过程中一个重要组成部分是对信号交叉口和干道进行实地观察。考虑的关键因素是位置和信号设备运行情况、交叉口几何条件、交叉口运行情况、信号相位、车辆排队、相邻路段交通源、限速或自由流速度。实地观察是熟悉运行和交叉口潜在约束以及可能设置不当的信号设备（如行人指示灯、检测器、控制器）的极好机会。同时，它也是观察单独通过数据无法看出的运行问题的好机会，例如排队溢流和没有充分利用的进口道。现场实地观察的重点是对最关键时段的重要交叉口进行观察，拥堵地点识别非常重要，可发现需要对交通分析进行更多关注的地点。

4. 评估现有控制方案

获取相关交叉口的信号配时信息非常重要，因为要用它设计优化现有配时方法。现有信号配时的关键信息包括相序、绿灯、黄灯和全红时间、行人绿灯和绿闪时间、最小绿灯和检测器参数。此外，如果交叉口处于协调控制，那么应该从现有配时方案获取周期长度、绿信比、相位差和基准相位。通过对现有信号配时的调查，可以发现实地才有的一些特有参数。现有信号配时可以帮助理解实地现状，并为改进信号控制工作提供参考基准。

（四）研究设计控制方案

评价现有配时方案和设计新配时方案的过程是一个迭代过程，涉及对数据的详细调查以便成功地满足研究目标。

1. 数据输入

数据输入工作的强度视路网的大小而有所不同。配时中使用的典型数据包括车道几何条件、路段速度和距离、相位数、左转和右转相位、现有信号配时（如黄灯和全红时间、行人绿灯、最小绿灯、检测器参数）、控制器类型和协调基准相位。这些数据可以归为两类路网参数和信号配时参数：

（1）路网参数——这些参数在分析过程中通常固定不变。包括车道几何、路段速度和距离、相位数、左转和右转相位。路段距离可以根据航拍图或 GIS 地图作为软件中的基准地图进行计算。

（2）信号配时参数——这些通常是在配时设计过程中涉及的信号配时参数。具体包括黄灯和全红时间间隔、行人绿灯和黄闪间隔、最小绿灯、检测器参数。这些参数在项目初期进行审核，并提出修改意见。一旦这些参数通过校验，就用于路网来设计新的协调信号配时方案。

2. 数据分析

（1）周期长度选择

周期长度选择应反映当地政策和系统用户的需求。理论上，周期长度越短，所有潜在用户延误就越小。但由于需要在各种用户之间权衡，周期长度选择就变得更为复杂，各交叉口都要根据其周期长度需求进行评估，从而确定一个最小周期长度。

（2）周期长度微调——交叉口分析

周期长度选好后，应该对每个交叉口估算两到四个周期的道路服务水平、最大服务交通量与基本通行能力之比、相位绿信比、最小绿信比、车辆排队，用于进一步地微调。如果周期长度满足研究的特定目标，交叉口分析允许用户进行评估。

（3）干线微调——系统分析

交叉口分析完成后，应进行如下的目标干线或路网的系统分析：

①沿干线的车辆连续通行情况；

②交叉口间相互作用；

③左转运行情况；

④检查时距图/交通流图式；

⑤识别直行绿波带被干扰的地点，或车队首部遇到黄灯或只有几秒剩余绿时；

⑥识别主要道路或左转的车队被阻滞的位置；

⑦识别排队过长的位置；

⑧评价左转后置的位置；

⑨评价绿灯早启对绿波造成有利或不利影响的位置。

在上述系统分析中，可能需要调整若干信号配时参数，使交通流更为顺畅，减少车辆排队，满足研究目标。其中一些参数调整包括相位差调整、相位绿信比调整和主要道路和次要道路的左转相序调整，应根据不同周期长度总结出交叉口分析和系统分析的信息，并根据研究设定的控制目标进行总结比较，从而保证周期长度及配时方案的合理选择。

3. 择选草案

在周期长度评估、交叉口分析和系统分析、配时方案比较完成后，选出一个配时方案用于最终校验，这个配时方案通常被称为配时方案草案。

4. 形成最终方案

评审完成并对配时方案草案进行注释后，配时方案草案就成为最终配时方案。在实地实施准备工作中，需要完成如下步骤：

（1）对每个交叉口的每个配时方案，确定单点和协调信号配时的参数。配时项目中常见参数有基本信号配时参数，包括周期长度、最小绿灯、黄灯和全红时间、行人绿灯和绿闪时间协调信号配时参数，包括共同周期长度、绿信比、相位差、协调相位。

（2）确定信号配时方案的日时配时方案。

（3）设计最终配时方案和日时配时方案的切换时间点。

（五）现场试点实施

最终方案制定好后，可以进行实地实施和观察。现场试点实施是信号配时过程中最关键的步骤。实地完全实现一个好的配时方案需要科学和细心的态度，不要根据某个时段就得出错误的结论。交通状况会随周期变化，因此在观测时要耐心。当上游交叉口过早释放车流时，在实地相对较难发现相位差错误。为了辅助实地实施，要有一个笔记本，其中要记录包括现有配时方案和新配时方案的内容、时距图、交通量和发现实地变化的方法。

（六）控制效益评估

1. 评估指标测量

收集一个交叉口的性能测量数据对于决定交叉口怎样更好地管理和服务于公众来说是很重要的。定期审查和更新特定交叉口的配时和独立运行交叉口的运行情况是非常重要的，尤其是在交通流量或土地用途发生变化时。

2. 形成方案报告

数据收集、信号配时分析、现场实施和评估完成后，还有两个最重要的最终任务：确认既定的策略得到了满足，并编写一份最后报告。最后的报告是确定各项努力预定的目标得到满足，以供决策机构进行评估和选择。整个研究的报告应该包括下列项目：

（1）内容提要；

（2）简介；

（3）数据收集与分析；

（4）信号配时方案设计；

（5）日时配时方案表；

（6）现场实施；

（7）效益评估；

（8）结论。

四、交通信号配时的基本要求

（一）信号相位必须同交叉口进口道渠化（即车道功能划分）方案同时设定。

（二）信号相位对应于左、右转弯交通量及其专用车道的布置。

（三）有左转专用车道时，根据左转流向设计交通量计算的左转车每周期平均到达3辆时，宜用左转专用相位。

（四）同一相位各相关进口道左转车每周期平均到达量相近时，宜用双向左转专用相位，否则宜用单向左转专用相位。

（五）当信号相位中出现不均衡车流时，可以通过合理设置搭接车流（相当于设置交通信号的早断与滞后），最大限度地提高交叉口的运行效率。

（六）信号相位设定的要求一方面应使交叉口具有足够的通行能力，另一方面应使交叉路口具有较小的车辆延误。

（七）信号周期过长或过短，对交叉口的正常运行都不利。信号周期过短，周期损失时间所占比例增加，交叉口的通行能力下降，车辆延误急剧增加；信号周期过长，交叉口通行能力提高并不明显，车辆延误却急剧增加。

（八）在确定交叉口的信号配时方案时，根据交叉口交通流量的变化，合理划分时段，并确定设计小时的交通量是非常重要的。如果交叉口的交通流量全天波动较大，可以适当地多划分几个时段，按照每个时段的交通流量确定信号配时；如果交叉口交通流量波动较小，可以考虑少划分或不划分时段，全天从早到晚执行一个信号配时方案。

（九）为了充分发挥信号控制效果，在进行定时信号控制时，必须对交叉口的交通流状况进行分析，并合理地划分信号时段。

第二部分　实训方案

一、实训目的与要求

（一）本次实训是一次交通控制设计实验。通过交通控制设计，学员加深对交通控制原理的理解，掌握交通控制设计的有关流程和方法，增强学员解决应用问题的能力。

（二）通过实训，使学员掌握交叉口时空设计的原理和方法，根据调查分析结果进行交叉口空间功能划分以及布局设计。

（三）通过实训，使学员熟练地掌握交叉口信号相位设计计算方法，灵活应用交通管理与控制课程所学的理论知识，根据交通调查数据进行交叉口信号控制设计。

（四）交叉口时空设计依照设计指导书，由每个学员独立完成。

二、实训内容

本次实训的内容为单个交叉口定时交通信号配时设计，其主要过程包括：确定多段式信号配时时段划分、配时时段内的设计交通量、初始试算周期时长和交通信号相位方案、信号周期时长、各相位信号配时绿信比、估评服务水平及绘制信号配时图。整个配时设计过程如图 3－2 所示：

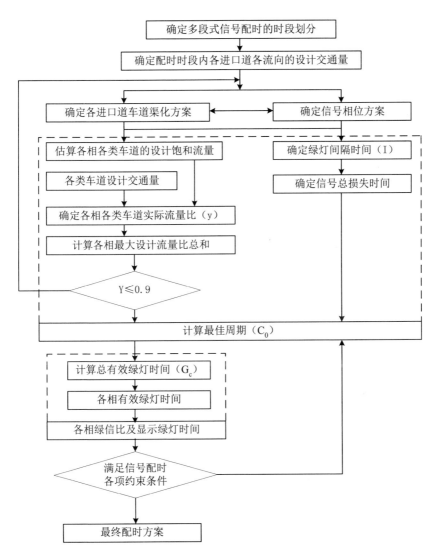

图 3 - 2　交叉口定时信号配时设计流程图

三、实训条件

(一) 实训器材

1. 调查工具

手持多功能调查仪、激光测距仪、轮式测距仪、皮尺、坡度仪、夹板、铅笔、摄像机 (需配套固定脚架)、照相机、记录表、

2. 绘图及计算软件

Excel、AutoCAD、Vissim 等数据处理、绘图软件及仿真软件、C 语言、matlab 编程计算软件。

(二) 实训场地

学校周边典型的信号控制交叉口。

四、实训组织

(一) 组织方案设计

1. 人员分组

对学员进行分组，以 5 名学员为一组。

2. 实验方案设计

各组学员自行选择目标交叉口，并作出相应的现场调研及工作计划书，包含人员分工，实验的具体内容，实施的具体流程，可行性分析等。小组的实验设计报告经指导教师审核通过后，方可进行下一步的调查和设计。

(二) 交通现状数据调查

各小组对本组目标交叉口进行为期 3 天的观测和调查，包括：交叉口通行状况调查、安全事故及隐患调查；高峰时段交叉口机动车、非机动车、行人的流量、延误时间、排队队长观测。绘制交叉口设计基本参数调查汇总表

和平面交叉口规划与设计基础道路交通资料项目汇总表，如表 3 – 1 和表 3 – 2 所示。

表 3 – 1　交叉口设计基本参数调查汇总表

项　　目	单位	道路名或进口道			
		进口道	进口道	进口道	进口道
道路等级					
车道数	车道				
设计车速	km/h				
设计车辆	车种				
红线宽度	m				

表 3 – 2　平面交叉口规划与设计基础道路交通资料项目汇总表

	资料类别	摘要
交通状况	分流向、车种的小时交通量	早高峰时段 15 分高峰交通量，必要时用（2 ~ 3 小时，或 12 小时）交通量，车种分为大型车与其他两类。必要时包括相邻交叉口及附近支路的交通量。
	非机动车交通量	
	行人交通量	
	交通事故记录	
	交通规划状况	
	交通控制状况	
道路状况	道路网形态	
	地形、地貌	
	道路现状	
	大规模交通产生设施、公共设施分布	

（三）交通信号配时设计的时段划分

交叉口交通信号配时应按每天交通量的时变规律采用多段式信号配时，分段视实际情况可从早高峰时段、下午高峰时段、晚高峰时段、早晚低峰时段、中午低峰时段及一般平峰时段等各时段中选取。各时段信号配时方案，按所定不同时段中的设计交通量分别计算。

（四）交通信号配时设计的设计交通量计算

信号配时设计的设计交通量，须按各配时时段内交叉口进口道不同流向分别确定。交叉口各进口道不同流向的设计交通量取值如下：各配时时段中的高峰小时中的最高 15min 流率换算的小时交通量，宜用实测数据，按下式计算：

$$q_{dmn} = 4 \times Q_{15mn}$$

式中：q_{dmn} ——配时时段中，进口道 m、流向 n 的设计交通量（pcu/h）；

Q_{15mn} ——配时时段中，进口道 m、流向 n 的高峰小时中最高 15min 的流率（pcu/15min）。

若无最高 15min 流率的实测数据时，可按下式估算：

$$q_{dmn} = \frac{Q_{mn}}{(PHF)_{mn}}$$

式中：Q_{mn} ——配时时段中，进口道 m、流向 n 的高峰小时交通量（pcu/h）；

$(PHF)_{mn}$ ——配时时段中，进口道 m、流向 n 的高峰小时系数，主要进口道可取 0.75，次要进口道可取 0.8。

（五）交通信号相位设定

信号相位必须同交叉口进口道车道渠化（即车道功能划分）方案同时设定。信号相位对应左右转弯交通量及其专用车道的布置。有左转专用车道时，根据左转流向设计交通量计算的左转车每周期平均达 3 辆时，宜用左转专用相位。同一相位各相关进口道左转车每周期平均到达量相近时，宜用双向左转专用相位，否则宜用单向左转专用相位。对目标交叉口进行相位相序设计，形成相应的图表。

（六）信号周期时长计算

信号周期时长须选最佳周期时长，按下式计算：

$$C_o = \frac{1.5L + 5}{1 - Y}$$

信号总损失时间，按下式计算：

$$L = \sum_k (L_s + I - A)_k$$

式中：Ls——启动损失时间，应实测，无实测数据时可取 3s；

　　　I——绿灯间隔时间；

　　　A——黄灯时长，可定为 3s；

　　　k——一个周期内的绿灯间隔数。

绿灯间隔时间，按下式计算：

$$I = \frac{z}{V_a} + t_s$$

式中：z——停车线到冲突点距离（m），取 20m；

　　V_a——车辆在进口道口上的行驶车速（m/s），取 6m/s；

　　t_s——车辆制动时间（s），取 2s。

流量比总和，按下式计算：

$$Y = \sum_{j=1}^{j} \max[y_j, y_j', \cdots\cdots] = \sum_{j=1}^{j} \max\left[\left(\frac{q_d}{S_d}\right)_j, \left(\frac{q_d}{S_d}\right)_j', \cdots\cdots\right] \quad (Y \not> 0.9)$$

式中：Y——组成周期的全部信号相位的各个最大流量比 y 值之和；

　　　j——一个周期内的相位数；

　　y_j——第 j 相的流量比；

　　q_d——设计交通量（pcu/h）；

　　s_d——设计饱和流量（pcu/h）。

计算 Y 值大于 0.9 时，须改进进口道设计和信号相位方案，再重新计算。

（七）信号配时的计算

每周期的总有效绿灯时间按下式计算：

$$G_e = C_o - L$$

各相位的有效绿灯时间按下式计算：

$$g_{ej} = G_e \frac{\max[y_j, y_j'\cdots\cdots]}{Y}$$

各相位的实际显示绿灯时间按下式计算：

$$g_j = g_{ej} - A_j + l_j$$

式中：l_j ——第 j 相位启动损失时间。

（八）最短绿灯时间计算

最短绿灯时间按下式计算：

$$g_{\min} = 7 + \frac{L_p}{V_p} - I$$

式中：l_p ——行人过街道长度（m）；

v_p ——行人过街步速，取 1.2（m/s）；

I——绿灯间隔时间（s）。

计算的显示绿灯时间小于相应的最短绿灯时间时，应延长计算周期长（以满足最短绿灯时间为度），重新计算。

绘制出交通信号配时设计计算表、相位方案设计图、信号配时参数计算结果表，如表 3 - 3，表 3 - 4 所示，信号配时图等，汇总形成最后配时方案。

表 3 - 3　信号配时参数计算结果表

相位阶段	放行方向	绿灯时长	黄灯	全红	绿信比
相位 1					
相位 2					
相位 3					
相位 4					

表 3 - 4　交通信号配时设计计算表

进口道	车道	车道数	设计交通量 q_d	车道渠化方案	设计饱和流量 S_b	流量比 q_d/S_d	相位方案	最大流量比	流量比总和 Y	总损失时间 L	周期时长 C_0	总有效绿灯时间 G_e	各相位有效绿灯时间 g_e	绿信比 λ	显示绿灯时间 g_j	最短绿灯时间 g_{min}
西	左	1														
	直左															
	直	1														
	直右															
	右	2														
东	左	1														
	直左															
	直	1														
	直右															
	右	1														
北	左	2														
	直左															
	直	1														
	直右															
	右	2														
南	左	1														
	直左															
	直	1														
	直右															
	右															

（九）方案效益评价

在 Vissim 软件上，通过对评估指标延误、饱和度和通行能力的计算，进行交通仿真，验证优化设计的结果。

（十）成果验收

每小组最终形成目标交叉口的配时方案及控制效果报告，最后统一进行演示答辩，由指导老师对其进行点评。

五、实训考核及评分标准

（一）实训要求

1. 实验设计中现场调研及工作计划书要求文理通顺、层次分明、书写整洁，方法正确、设计内容符合技术标准、规范要求；

2. 内容齐全，图纸布局合理，尺寸及标注无误，线条清晰；

3. 实验设计调研及工作计划书、会议记录、报告及其他相应文档，按时上交指导教师审阅；

4. 信号方案设计软件应可以正常运行，并能够得到相应的统计结果，由指导教师审核。

（二）应提交的成果

提交单点定时控制配时方案及控制效果报告。

（三）装订要求

1. 报告、附件采用 A4 纸书写或打印；

2. 所有图纸图标大小采用统一格式，折叠为 A4 大小，按成果目录顺序装订成册。

（四）考核要求

1. 详细记录实验设计过程中小组成员承担的任务、安排以及收获和体会；

2. 根据要求，以个人或小组为单位提交完整的实验设计报告以及工作会议记录、分工安排，注明小组成员分担完成的任务；

3. 考核内容和成绩比例：实验设计报告（40%）＋答辩环节（40%）＋考勤纪律（20%）。

本实验考核时要注重对所学知识包括概念、技术原理和设计方法的掌握。要注重突出设计意识，综合理解和运用专业知识，解决实际问题的能力等。

参考文献：

［1］李瑞敏，章立辉．城市交通信号控制［M］．清华大学出版社，2015.

［2］吴兵，李晔．交通管理与控制（第五版）［M］．人民交通出版社，2015.

［3］翟润平，周彤梅，刘广萍．道路交通控制原理及应用［M］．中国人民公安大学出版社，2011.

实训项目四　交叉口交通组织优化设计

问题引导：

　　什么是交叉口交通组织优化设计；交叉口交通组织优化设计的原则是什么；交叉口交通组织优化设计的方法有哪些；进行交叉口交通组织优化设计的步骤有哪些

第一部分　业务详解

一、交叉口交通组织优化设计的概念

　　交叉口组织优化设计是在城市道路交叉口这个有限的空间里，综合运用交通工程规划、交通管理和控制等措施，科学合理地分时、分路、分车种、分流向使用交叉口，使节点交通始终处在有序、高效运行状态[①]。

二、交叉口交通组织优化设计的基本原则

　　交叉口交通问题日益严重，作为交通管理者，就要考虑解决问题的各种方法，在这些方法中较为常用的是调整交叉口的现行交通组织方案。无论是交通安全问题，还是交通拥堵问题，都可以借助调整交通组织方案，使交通问题得到解决或缓解。在进行交叉口交通组织优化设计时，需要遵从以下几个原则[②]：

[①] 公安部道路交通安全研究中心、同济大学：《城市道路交通组织管理实用手册》，人民交通出版社 2017 年版，第 54～84 页。

[②] 杨晓光：《城市道路交通设计指南》，人民交通出版社 2003 年版，第 44～45 页。

（一）适应交通流特性

交叉口的交通流特征与相交道路的等级和交通需求水平有关，不同的交叉口以及同一交叉口的不同时段，其交通流分布特征也会有明显的差异，需要进行交叉口交通组织优化，以适应交叉口交通流的时空分布特性。

（二）合理利用道路设施空间

交叉口是城市道路网中的重要节点，进入交叉口的车辆、行人等需要在此完成各种转向需求，因其空间范围有限，各路交通流争抢路权，导致交通拥堵，引发交通事故。进行交叉口交通组织优化，合理利用其有限的空间范围，通过一系列管控手段明确通行权、优先权，使交通流高效、有序通过交叉口。

（三）明确不同交通流的行驶轨迹

在交叉口，有不同转向需求的交通流存在多个冲突点，进行交通组织优化设计时，通过施划交通标线、设置交通标志，将不同转向需求的各路交通流限制在不同功能的车道里通行，并明确其行驶轨迹，尽量消除和减少冲突点，保证通行安全。

（四）降低不同交通流之间的干扰

除了从空间范围上明确各交通流的行驶轨迹，还可以从时间上分离和消除冲突点，让不同转向需求的交通流在不同时间通过交叉口，以降低交通流之间的相互干扰，提高交叉口的运行效率。

三、交叉口交通组织优化设计的方法

交叉口交通组织优化的方法主要包括[①]：交叉口放行方法的确定、交叉口渠化、信号相位设置、信号相序与配时方案、交叉口管理方案等。其组织重点是冲突分离，通行能力分配和路权分配。

---

① 翟忠民：《道路交通组织优化》，人民交通出版社 2004 年版，第 52～108 页。

（一）交叉口放行方法的确定

确定交叉口放行方法，需综合考虑机动车、非机动车、行人通过交叉口时的通行权、先行权、占用权要求，平面交叉口放行方法有以下三种：时间分离法、空间分离法和时空分离法。选取哪种放行方法关键要看通过交叉口的交通流量中非机动车的比例大小。

（二）交叉口渠化

交叉口的交通渠化，主要是指通过在交叉口及其附近施划交通标线，设置交通标志、护栏或交通岛，对不同交通流方向或交通元素所进行的通行空间的分离。通过交通渠化方法，既可以提高交叉口的通行能力和交通秩序水平，又可以有效地防止交通事故的发生①。

（三）交叉口信号配时

确定交叉口信号配时包括确定相位、相序和具体的配时方案。根据放行方法和交叉口渠化条件确定信号相位，根据交叉口内冲突情况和交叉口内空闲时间最少的要求确定信号相序，根据各流向上的交通流量情况确定信号配时。进行信号控制的作用是：减少交叉口内的冲突点，控制交叉口内冲突，明确不同流向、不同种类交通流通过交叉口的时间路权②。

第二部分　实训方案

一、实训目的与要求

进行交叉口交通组织优化设计实训，旨在使学员巩固和掌握基本理论知

---

① 金治富：《道路交通规划与组织》，中国人民公安大学出版社2015年版，第305页。
② 吴兵、李晔：《交通管理与控制》，人民交通出版社2015年版，第150～164页。

识和技术方法，包括进行交叉口交通组织优化设计的基本原则和一般思路，几种常用组织手段的具体实施方法和要求。通过实训，使学员在今后交通管理工作中，具备全局意识，善于发现问题，解决问题，成为既懂业务又懂技术的高素质人才。

二、实训内容

（一）交通现状调查

为了解交叉口交通现状，需要实地进行调查，调查内容包括交叉口道路几何条件调查、交通条件调查和交叉口交通控制状况调查。

1. 交叉口道路几何条件调查

进行道路几何条件调查，需明确目标交叉口形式、相交道路的道路等级、断面形式、设计速度、路幅宽度、车道数（包括进口道和出口道）、单车道宽、各进口道的车道功能划分、非机动车道和人行横道的宽度等参数。

2. 交叉口交通条件调查

进行交叉口交通条件调查，主要是在高峰时间，在交叉口各个进口道进行交通流量调查，包括机动车、非机动车和行人。

3. 交叉口交通控制状况调查

进行交叉口交通控制状况调查，对于无信号控制交叉口，了解各个进口道是否存在停车让行和减速让行等管制措施。对于信号控制交叉口，主要了解现状信号配时情况，包括信号相位、相序、信号周期等参数。

（二）现状评价

在交通调查的基础上，采用上海市工程建设规范《城市道路平面交叉口规划与设计规程》[①] 等所提供的方法，对交叉口现状进行评价，主要评价指标包括饱和度、延误、排队长度等参数。

---

① 《城市道路平面交叉口规划与设计规程》（DGJ 08 – 96 – 2001；上海市工程建设规范）。

（三）问题分析

在现状调查和现状评价的基础上，分析交叉口交通问题产生的原因。可能的原因有以下几种：车辆放行次序不合理、车辆行驶轨迹混乱、交叉口渠化不足、信号配时方案不合理、慢行交通未得到保障等。

（四）优化方案

根据目标交叉口目前所存在的问题，按照交叉口交通组织优化的原则，提出相应的优化方案。

（五）效果评价

对比分析交通组织方式优化前后交叉口各进口道的饱和度、延误、排队长度等指标，评价交通组织优化方案的效果。若无明显改善效果，需改进组织设计方案，直至得到良好的改善效果。

三、实训条件

（一）实训器材

本实训项目所需的器材主要有：摄像机、（数码）照相机、Vissim交通仿真软件、Excel及AutoCAD等数据处理或绘图软件、记录表、皮尺、笔、垫板、接送学员往返的车辆等。

（二）实训人员及分工

本实训工作量大，需将学员进行分组，以12~14人一组为宜，每组确定1~2名学员担任组长，组内人员的具体分工由组长分配。交通现状调查工作需要全员参加，调查工作完成之后，由2人进行现状交通评价、2人分析现状问题、2人确定优化方案、2人负责方案的效果评价、3人负责实训报告的编写工作。对实训的时间进度，要进行周密安排，参与实训所有人员应当在规定时间内完成工作内容（表4-1所示）。

表 4-1　时间进度安排表

时间	工作内容	负责人	备注
	熟悉实训流程		
	交通现状调查		
	现状交通评价		
	问题分析		
	拟定初步优化方案		
	效果评价		
	确定优化方案		
	撰写实训报告		

四、实训组织

本次实训按如下步骤组织实施：实训前动员、交叉口交通现状调查、现状评价、问题分析、拟定初步优化方案、方案评价、确定优化方案、撰写实训报告，以具体实例——××交叉口进行详细说明。

（一）实训前动员

教师根据实训目的和要求，选择问题交叉口作为实训对象。向学员讲解此次实训的目的和意义，明确人员分工、实训时间、实训要求、优化设计程序、最终考核形式以及实训过程中需要注意的安全问题。

（二）交叉口交通现状调查

对目标交叉口进行交通现状调查工作，需在室外完成，主要以现场调查的方法进行，以××交叉口为例进行说明（图 4-1）。

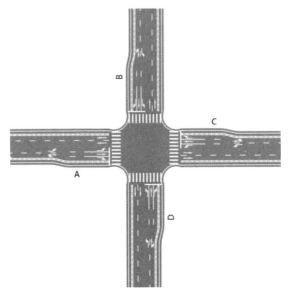

图4-1 ××交叉口示意图

1. 道路几何条件调查

对××交叉口的几何条件进行调查，调查结果如下（表4-2）：

表4-2 交叉口几何条件调查表

项目	单位	进出口方向							
		A		B		C		D	
		进口道	出口道	进口道	出口道	进口道	出口道	进口道	出口道
道路等级		主干道		主干道	主干道	主干道	主干道	主干道	主干道
断面形式		一块板（设机非隔离栏）		一块板（设机非隔离栏）		一块板（设机非隔离栏）		一块板（设机非隔离栏）	
设计速度	km/h	35		35		35		35	
路幅宽度	m	30		30		30		30	
车道数	车道	3	2	3	2	3	2	3	2
单车道宽	m	3	3	3	3	3	3	3	3

车道功能划分		左、直、右专用车道		左、直、右专用车道		左、直、右专用车道		左、直、右专用车道	
非机动车道宽	m	6.25		6.25		6.25		6.25	
人行横道宽	m	5		5		5		5	

2. 交叉口交通条件调查

在高峰时段对××交叉口进行流量调查，调查结果如下（表4-3）：

表4-3　高峰小时流量表

进口		机动车（pcu/h）	非机动车（辆/h）	行人
东	左	254	172	－
	直	636	538	120
	右	276	115	－
西	左	208	156	－
	直	588	536	180
	右	92	102	－
南	左	148	550	－
	直	520	1330	240
	右	380	669	－
北	左	244	450	－
	直	472	1112	240
	右	268	562	－
合计		4086	6292	

3. 交叉口交通控制状况调查

对××交叉口的交通控制状况进行调查，该交叉口为四相位信号控制，信号周期为122秒，相位、相序如下图4-2所示：

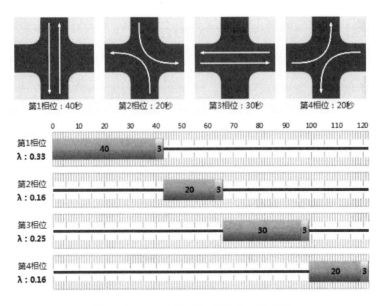

图4-2 ××交叉口信号相位、相序图

4. 现场勘查

通过现场勘查，发现如下问题：每周期部分和左转非机动车在直行相位时驶入交叉口，在对向人行道前待行，当左转机动车放行时，横向直行非机动车驶出交叉口，此时与放行左转机动车发生冲突。

（1）高峰期间东西向直行机动车排队较长，出现二次排队现象。

（2）右转机动车与非机动车的冲突及干扰在每一绿灯初期比较严重。

（3）路口行人过街缺乏无障碍通道。

（4）路口空间较大，左转车轨迹不明确。

（三）现状评价分析

根据调查数据，对××交叉口的交通现状进行评价，评价结果如下（表4-4）：

表4-4 ××交叉口现状评价结果

进口		通行能力（pcu/h）	饱和度	延误	排队长度
东	左	295	0.86	52	11
	直	607	1.05	66	15
西	左	295	0.71	49	7
	直	607	0.97	45	10
南	左	295	0.5	47	8
	直	455	1.14	–	–
北	左	295	0.83	51	10
	直	455	1.04	67	13
合计/均值		3304	0.94	–	–

注：由于未对右转车进行控制，故对右转车的评价未列入表中。

由上表可以看出，各进口直行车道已经过饱和，相应的排队长度和延误过大，同时车道的饱和度很不均匀。

（四）问题分析

结合现状勘查与定量评价，××交叉口存在的主要问题是：

1. 由于将直行相位放于左转相位之前，有部分左转非机动车随直行非机动车驶入交叉口，在对向人行道前待行；当左转机动车放行时，横向直行驶出交叉口，此时与对向的左转机动车发生冲突；

2. 进口道只设一个直行车道，无法满足高峰时的交通需求，高峰期间直行车排队较长；

3. 由于未对右转机动车进行信号控制，左转机动车与非机动车的冲突及干扰在每一相位的绿灯初期比较严重；

4. 路口行人过街通道上缺乏无障碍处理，未考虑残疾人、老人等交通弱者的需求；

5. 交叉口内及车道变化处缺乏必要的导行线，导致左转非机动车与机动车的行车轨迹不明确；

6. 信号周期时长及绿灯时间分配不合理，导致饱和度不均匀。

（五）拟定初步优化方案

在前期调查和问题分析的基础上，结合所学知识，并考虑可行性，提出初步的交通组织优化方案。以××交叉口为例，交通组织优化方案如下：

1. 机动车道设计

鉴于机动车与非机动车使用分隔栏分隔，因此，可以通过压缩非机动车道，将进口道机动车道数增加为4条，即一条左转车道，两条直行车道，一条右转车道。

2. 非机动车道设计方案

非机动车道按机动车道相位分流向通过交叉口，同时对于右转机动车实行控制，避免在相位绿灯初期与非机动车的冲突和干扰。

3. 信号控制方案

依据机动车与非机动车交通量调查结果，采用四相位的信号控制方案，具体信号配时方案，根据《城市道路平面交叉口规划与设计规程》中提供的方法来确定。结果如下图4-3所示：

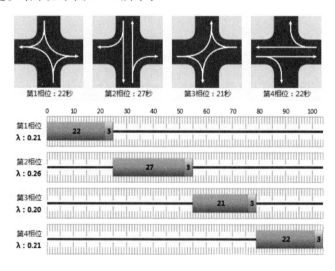

图4-3　××交叉口信号控制优化方案

4. 行人过街横道设计

由于每个方向进口道有6条行车道，行人一次穿越有困难，故需设置行人过街安全岛，实现行人二次过街。

5. 非机动车交通的处理

非机动车进口道设置左转弯专用车道，可以采用彩色的路面或标线来标示非机动车左转弯专用进口道，此方法适用于左转自行侧一次过街的情形（即利用左转机动车相位）。该方法的好处是：避免左转非机动车放行时被自行非机动车挡住，也避免直行非机动车放行时左转车一同驶出。

6. 导行线设计

由于进口道拓宽，对向机动车道错位，为使车辆行驶轨迹更平顺，在交叉口内部区域设计直行和右转车通行导行线。

（六）方案评价

对××交叉口优化组织方案进行评价，评价结果如下表 4 – 5 所示：

表 4 – 5　××交叉口优化组织方案评价结果

进口		通行能力（pcu/h）	饱和度	延误	排队长度
东	左	344	0.74	43	8
	直	488	0.75	38	11
西	左	344	0.60	41	6
	直	488	0.61	36	8
南	左	344	0.43	39	4
	直	353	0.74	43	4
北	左	344	0.71	42	8
	直	353	0.67	42	7
合计/均值		合计 3058	均值 0.65	均值 40	–

将交叉口设计方案评价结果与交叉口现状评价结果进行对比，可以看出设计方案的车道饱和度均匀，平均为 0.65，延误值较原方案有较大程度的减小，最大排队长度明显降低，交叉口处于通畅的状态。因此，本设计方案比较合理，起到优化效果。

（七）确定优化方案

依照评价结果，若达到交通改善效果要求，则确定为最终方案；若无明

71

显改善效果，需改进组织方案，直至得到良好的改善效果。最终优化方案确定后，需将具体方案用图表形式展示，附以必要的文字说明。

（八）实训报告的撰写

在完成相应的实训内容后，以小组为单位，完成并提交实训报告。

五、实训考核及评分标准

本实训以小组为单位进行考核，成绩分为优秀（90～100分）、良好（80～89分）、中等（70～79分）、及格（60～69分）、不及格（低于60分）五个等级。考核评价表如下表4－6所示：

表4－6　实训考核评价表

	分项目	成绩测评	满分
实训内容	交通调查		15分
	问题分析		15分
	方案评价		15分
	优化方案		15分
	实训报告		20分
	团队合作		10分
	安全意识		10分
综合成绩			
存在问题（教师填写）			
改进建议			

参考文献：

1. 公安部道路交通安全研究中心 同济大学．城市道路交通组织管理实用手册［M］．人民交通出版社，2017.

2. 翟忠民．道路交通组织优化［M］．人民交通出版社，2004.

3. 金治富．道路交通规划与组织［M］．中国人民公安大学出版社，2015.

4. 杨晓光．城市道路交通设计指南［M］．人民交通出版社，2003.

5. DGJ 08 - 96 - 2001．城市道路平面交叉口规划与设计规程［S］（上海市工程建设规范）.

6. 吴兵、李晔．交通管理与控制［M］．人民交通出版社，2015.

实训项目五　机动车号牌识别

　　什么是机动车号牌；机动车号牌有哪些种类；如何识别机动车号牌的真伪

第一部分　业务详解

　　我国的机动车号牌是准予机动车在中华人民共和国境内道路上行驶的法定标志，里面包含了车辆的许多信息。一段时间以来，制造和使用各种假号牌、套牌等违法犯罪现象十分猖獗，制造和使用各种假号牌、套牌的主要原因有车辆系走私、盗抢、报废等非法来历，车辆长期在外地行驶、号牌丢失、脱检的，为逃避各种费税的，非法改装车辆的，逃避非现场执法处罚等。通过机动车号牌真伪的识别，一方面可以查处相关的道路交通安全违法行为，维护道路交通秩序和安全；另一方面对使用假号牌车辆的查缉，可以为查处其他违法、犯罪活动提供重要的线索，打击各种涉车的违法犯罪活动。当然，随着公安交通管理信息化的发展，各种现代化的识别、查缉假号牌的方法和手段已经开始试点投入使用，但是距离大面积地推广使用还有一定距离，采用传统的方法查验机动车号牌的真伪，是交通警察需要掌握的一项基本技能。

一、机动车号牌识别的基本内容

机动车号牌识别实训项目依据《中华人民共和国机动车号牌》（GA 36—2014）的规定，从以下几个方面识别机动车号牌：

（一）号牌外廓尺寸和颜色

各种机动车号牌的外廓尺寸和颜色见表 5 - 1。88mm×60mm 的号牌外廓尺寸误差为 ±0.5mm，其他规格号牌的外廓尺寸误差为 ±0.5%，具体见表 5 - 1

表 5 - 1　各种机动车号牌的外廓尺寸和颜色

序号	分类	外廓尺寸（mm×mm）	颜色
1	大型汽车号牌	前：440×140 后：440×220	黄底黑字，黑框线
2	挂车号牌	440×220	
3	小型汽车号牌	440×140	蓝底白字，白框线
4	使馆汽车号牌		黑底白字，红"使""领"字，白框线
5	领馆汽车号牌		
6	港澳入出境车号牌		黑底白字，白"港""澳"字，白框线
7	教练汽车号牌		黄底黑字，黑"学"字，黑框线
8	警用汽车号牌		白底黑字，红"警"字，黑框线
9	普通摩托车号牌	220×140	黄底黑字，黑框线
10	轻便摩托车号牌		蓝底白字，白框线
11	使馆摩托车号牌		黑底白字，红"使"字，白框线
12	领馆摩托车号牌		黑底白字，红"领"字，白框线
13	教练摩托车号牌		黄底黑字，黑"学"字，黑框线
14	警用摩托车号牌		白底黑字，红"警"字，黑框线
15	低速车号牌	300×165	黄底黑字，黑框线

续表

序号	分类	外廓尺寸 （mm×mm）	颜色
16	临时行驶车号牌	220×140	天（酞）蓝底纹黑字黑框线
			棕黄底纹黑字黑框线
			棕黄底纹黑字黑框线黑"试"字
			棕黄底纹黑字黑框线黑"超"字
17	临时入境汽车号牌		白底棕蓝色专用底纹，黑字黑边框
18	临时入境摩托车号牌	88×60	
19	拖拉机号牌		按 NY345.1—2005 执行。

（二）号牌材料

1. 基材

金属材料号牌基材分为两种，分别是：大型汽车后号牌和挂车号牌使用厚度为不小于 1.2mm 的铝质材料；大型汽车后号牌和挂车号牌以外的号牌使用厚度为不小于 1.0mm 的铝质材料。

2. 反光膜

金属材料号牌表面应使用符合 GA666－2006 要求的反光膜，反光膜应在内层预印统一的省、自治区、直辖市汉字简称标识，也可预印统一的省、自治区、直辖市标志性图案标识。汉字简称和标志性图案应和号牌字符方向一致。汉字简称和标志性图案式样应报公安部交通管理局备案。

（三）字符特征

制作金属材料号牌字符和间隔符应使用全国统一的模具。

（四）外观

金属材料号牌外观应满足：

1. 表面应清晰、完整，不应有明显的皱纹、气泡、颗粒杂质等缺陷或损伤；

2. 字符整齐，着色均匀；

3. 表面不同反光区域应反光均匀，不应有明显差异，其中小型汽车号牌和轻便摩托车号牌字符应反光；

4. 反光膜应与基材附着牢固，字符和加强筋边缘不应有断裂；

5. 正面应有清晰的反光膜制造商标识、型号标识和省、自治区、直辖市汉字简称标识，标识和机动车登记编号方向一致且无倾斜；

6. 生产序列标识应清晰完整。

二、机动车号牌识别的基本要求

（一）主要职责

交通警察通过在日常的执勤执法中识别假机动车号牌，进而为查缉车辆交通安全违法和其他涉车的违法犯罪行为提供线索和帮助。

（二）法律依据

《道路交通安全法》第十一条规定："驾驶机动车上道路行驶，应当悬挂机动车号牌……机动车号牌应当按照规定悬挂并保持清晰、完整，不得故意遮挡、污损。任何单位和个人不得收缴、扣留机动车号牌。"

《道路交通安全法》第十六条规定："任何单位或者个人不得有下列行为：（一）拼装机动车或者擅自改变机动车已登记的结构、构造或者特征；（二）改变机动车型号、发动机号、车架号或者车辆识别代号；（三）伪造、变造或者使用伪造、变造的机动车登记证书、号牌、行驶证、检验合格标志、保险标志；（四）使用其他机动车的登记证书、号牌、行驶证、检验合格标志、保险标志。"

《道路交通安全法》第九十五条规定："上道路行驶的机动车未悬挂机动车号牌，未放置检验合格标志、保险标志，或者未随车携带行驶证、驾驶证的，公安机关交通管理部门应当扣留机动车，通知当事人提供相应的牌证、标志或者补办相应手续，并可以依照本法第九十条的规定予以处罚。当事人提供相应的牌证、标志或者补办相应手续的，应当及时退还机动车。故意遮挡、污损或者不按规定安装机动车号牌的，依照本法第九十条的规定予以处罚。"

《道路交通安全法》第九十六条规定："伪造、变造或者使用伪造、变造的机动车登记证书、号牌、行驶证、驾驶证的，由公安机关交通管理部门予以收缴，扣留该机动车，处十五日以下拘留，并处二千元以上五千元以下罚款；构成犯罪的，依法追究刑事责任。伪造、变造或者使用伪造、变造的检验合格标志、保险标志的，由公安机关交通管理部门予以收缴，扣留该机动车，处十日以下拘留，并处一千元以上三千元以下罚款；构成犯罪的，依法追究刑事责任。使用其他车辆的机动车登记证书、号牌、行驶证、检验合格标志、保险标志的，由公安机关交通管理部门予以收缴，扣留该机动车，处二千元以上五千元以下罚款。当事人提供相应的合法证明或者补办相应手续的，应当及时退还机动车。"

三、机动车号牌识别的注意事项

（一）室内训练

1. 室内训练要保持安静，小组间讨论尽量不要影响其他组成员。

2. 小组各成员要相互协作，集体讨论，最后以小组名义提交查验结果，如有不同意见，要注明有争议的地方和有争议者的学号、姓名并签名。

（二）室外训练

室外训练要严格遵守《交通警察道路执勤执法工作规范》的要求，注意安全第一。

第二部分　实训方案

一、实训目的与要求

本实训项目通过机动车号牌识别训练，使学员通过观察机动车号牌的外观、检查其材质、防伪暗记等内容，掌握机动车号牌查验的基本方法，初步能识别常见的机动车假号牌。

二、实训内容

机动车号牌真伪识别。

三、实训条件

（一）实训场地

多媒体教室一间（室内训练），战术训练场（室外训练）。

（二）实训器材与装备

1. 实训器材见表5－2。

表5－2　机动车号牌识别实训器材

名称	数量	单位	用途
真假机动车号牌	20	块	室内、室外
数码相机	10	台	室内、室外
8～10倍放大镜	25	支	室内
强光手电	25	支	室内、室外
球面小圆镜	25	个	室内、室外
厘米尺	25	个	室内
螺丝刀	25	个	室内、室外
记录板	50	块	室内、室外
训练车	5	辆	室外
执法记录仪	5	台	室外

2. 配备装备

室内训练要求按要求着装；室外训练除按要求着装外，还需按规定配备交警装备5件套，其他装备见表5－1的机动车号牌识别实训器材。

四、实训组织

(一) 室内训练

室内训练项目时间按课表安排的进度进行，地点在交通管理工程实验室，室内训练按要求整队提前 15 分钟带到指定教室。根据机动车号牌识别的实训任务和学员特点，综合师资、实训条件及环境等情况考虑，本次机动车号牌识别实训的具体内容、方法、时间、地点、步骤与考核等设置如下：

1. 教师讲解本实训项目的目的、意义、内容、具体要求和注意事项；

2. 按小组进行必要的训练准备，教师将机动车号牌事先编好号，分到各组；

3. 各小组就分到的号牌进行仔细查验，组内讨论，最后以小组为单位提交查验报告；

4. 提交查验报告后，由教师进行点评与小结，全面而有重点地评析各小组学员的表现，对有争议的地方要重点分析，充分肯定每小组学员的优点，剖析纠正错误。

(二) 场地训练

室外训练部分建议选择在晴好的天气，地点在战术训练场。室外训练由按要求整队提前 15 分钟带到指定战术训练场。参照《交通警察道路执勤执法工作规范》附件 5 的查处涉牌涉证违法行为操作规程的相关要求组织。场地（运动状态下）机动车号牌的识别，首先可以从如下几个方面发现嫌疑车辆：

1. 旧车挂新牌，新车挂旧牌（较多"克隆车"都有这种情况）的车辆；

2. 无固封螺丝固定号牌的车辆（有经常换号牌的嫌疑）；

3. 使用带锁的号牌框安装号牌的车辆（车内可能藏有另外的牌照）；

4. 车容车况差的车辆（涉嫌盗抢）；

5. 行驶状态异常的车辆（看见有检查就变道或掉头"开溜"）；

6. 驾驶人神色异常的车辆（心中有鬼，忐忑不安）；

7. 有违常理的现象（如外省市号牌用上海固定螺丝等）。

在发现嫌疑车辆，按查处涉牌涉证违法行为操作规程的相关要求拦截嫌疑车辆后，可进一步按室内训练的机动车号牌识别的基本内容和方法查验机动车号牌，确定号牌的真伪。

五、实训考核及评分标准

（一）评分依据及考评要求

以实训小组为单位，根据各自实训情况提交实训书面报告，实训报告要求从号牌的外观、材质、字符、防伪暗记等方面反映机动车号牌查验、识别的全过程，并完成最终的分数考评，以百分制计算，外观判断占20%、材质判断占30%、字符特征及暗记占30%、查验书面报告占20%。

（二）考核的实施

由教师、实战教官组成考核小组，对学员按小组提交的查验报告进行评分和讲评。

实训项目六　道路交通安全管理设施隐患排查

问题引导：

　　什么是道路交通安全管理设施；道路交通安全管理设施包括哪些设施；道路交通标志、道路交通标线的设置原则是什么；道路交通标志、道路交通标线的设置容易出现哪些问题；交通信号灯的设置原则是什么；交通信号灯的设置容易出现哪些问题

第一部分　业务详解

　　为了保障道路交通安全与畅通，根据道路条件、交通流特点和道路交通管理的需要，依照有关的法律法规和技术标准，在道路上设置的附属设施和装置，称之为道路交通安全管理设施。[①]　道路交通安全管理设施主要包括道路交通标志、交通标线、交通信号灯、物体隔离设施和其他交通安全管理设施等。

一、道路交通标志

（一）道路交通标志的概念

　　道路交通标志是用图形、符号、文字，配之以特定的形状和颜色，向交通参与者传递法定信息，用以管制、警告及引导交通的安全管理设施。

---

① 路峰、汤三红主编：《道路交通管理学》，中国人民公安大学出版社2014年版，第122页。

（二）道路交通标志的种类

道路交通标志按其作用分类，分为主标志和辅助标志两大类。主标志包括警告标志、禁令标志、指示标志、指路标志、旅游区标志、施工作业区标志等。辅助标志是附设在主标志下，对其进行辅助说明的标志。

1. 主标志

（1）警告标志

警告标志是警告车辆、行人注意危险地点及应采取措施的标志，共有44种。形状为等边三角形、顶角朝上，黄底、黑边、黑图案。

（2）禁令标志

禁令标志是禁止或限制车辆、行人交通行为的标志，共有39种。颜色除个别标志外，为白底、红圈、黑图案，图案压杠。形状分为圆形、八角形、顶角向下的等边三角形。

（3）指示标志

指示标志是指示车辆、行人按规定方向、地点行进的标志，共有18种。颜色为蓝底、白图案。形状分为圆形、长方形和正方形。

（4）指路标志

指路标志是传递道路方向、地点、距离信息的标志，包括一般道路指路标志、高速公路和城市快速路指路标志、方向标志三种。形状为长方形和正方形。一般道路指路标志颜色为蓝底、白色图案；高速公路为绿底、白色图案。

（5）旅游区标志

旅游区标志是提供旅游景点方向、距离的标志，颜色为棕色底、白色字符图案，形状为长方形和正方形。

（6）施工作业区标志

施工作业区标志是用以通告道路交通阻断、绕行等情况。设在道路施工、养护等路段前适当位置。

2. 辅助标志

辅助标志是附设在主标志下，起辅助说明作用的标志。辅助标志颜色为白底、黑字（图形）、黑边框、白色衬边。辅助标志安装在主标志下面，紧靠主标志下缘。辅助标志不能单独设置。

关于各类道路交通标志的具体功能、样式及设置规定的详细内容可参见《道路交通标志和标线　第2部分：道路交通标志》（GB 5768.2－2009）。

（三）道路交通标志的设置原则

道路交通标志应根据设置地点的实际情况，按照《道路交通标志和标线》（GB 5768－2009）的规定设置，并应遵守以下原则：

1. 可见性原则

道路交通标志应设置得清晰可见、醒目分明。为保证道路交通标志设置的可见性，应注意以下几点：一是道路交通标志应设置道路的右侧、中央分隔带或者车行道上方等容易看得见的地方；二是注意不要被树木、建筑物、广告牌等遮挡；三是合理选择标志的牌面材料，改善照明条件，确保夜间行驶具有良好的视认性。

2. 简单性原则

一是尽量采用最少的道路交通标志，将必要的信息显示出来，可设可不设的标志，一律不设。二是同一地点需要设置两种以上标志时，可以安装在一根标志柱上，但最多不能超过四种。解除限制速度标志、解除禁止超车标志、干路先行标志、停车让行标志、减速让行标志、会车先行标志、会车让行标志等，应单独设置。三是在一根标志柱上同时设多个标志牌时，应按警告标志、禁令标志、指示标志的顺序，先上后下、先左后右排列。

3. 完整性原则

道路交通标志的设置系统完整性主要体现：一是系统性。全面系统地规划和制订道路交通标志设置方案，要考虑到总体布局，避免道路交通标志的遗漏和重复设置等现象。二是协调性。在同一地点设置多种道路交通标志，应保证标志所传递的信息是协调和完整的。

4. 一致性原则

道路交通标志及其他各种交通设施传递的信息应协调一致。该原则包括如下的内容：一是道路交通标志的规划与设置应符合交通管制方案的总体要求。二是道路交通标志所传递的信息应与道路交通标线、交通信号灯等其他交通设施保持协调。

二、道路交通标线

(一) 道路交通标线的概念

道路交通标线是由施划或安装于道路上的各种线条、箭头、文字及立面标记、实体标记、突起路标和轮廓标等所构成的道路交通安全管理设施。《道路交通标志和标线　第3部分：道路交通标线》（GB 5768.3 - 2009）规定了道路交通标线的分类、颜色、形状、字符、图形、尺寸等以及设计、设置的要求。

(二) 道路交通标线的种类

1. 按功能可分为：

（1）指示标线

指示标线是指示车行道、行车方向、路面边缘、人行道、停车位、停靠站及减速丘等的线，如车道分界线、左转弯导向线、人行横道线、导向箭头、路面文字标记等。

（2）禁止标线

禁止标线是道路交通的遵行、禁止、限制等特殊规定的标线，如禁止超车标线、禁止路边停放线、停止线、非机动车禁驶区标线、导流线、网状线、专用车道线、禁止掉头线等。

（3）警告标线

警告标线是促使道路使用者了解道路上的特殊情况，提高警觉准备防范应变措施的标线，如车道宽度渐变段标线、路面障碍物标线、减速标线、立面标记等。

2. 按设置方式可分为：

（1）纵向标线：沿道路行车方向设置的标线。

（2）横向标线：与道路行车方向交叉设置的标线。

（3）其他标线：字符标记或其他形式标线。

3. 按形态可分为：

（1）线条：施划于路面、缘石或立面上的实线或虚线。

（2）字符：施划于路面上的文字、数字及各种图形、符号。

（3）突起路标：安装于路面上用于标示车道分界、边缘等的反光或不反光体。

（4）路边线轮廓标：安装于道路两侧，用以指示道路的方向、车行道边界轮廓的反光标柱。常见道路交通标线的形式、颜色及含义见表 6-1。

表 6-1　道路交通标线的形式、颜色及含义

编号	名称	图例	含义
1	白色虚线		划在路段中时，用以分隔同向行驶的交通流；划在路口时，用以引导车辆行进。
2	白色实线		划在路段中时，用以分隔同向行驶的机动车、机动车和非机动车，或指示车行道的边缘；划在路口时，用作导向车道线或停止线，或用以引导车辆行驶轨迹；划为停车位标线时，指示收费停车位。
3	黄色虚线		划于路段中时，用以分隔对向行驶的交通流或作为公交专用车道线；划于交叉口时，用以告示非机动车禁止驶入的范围或用于连接相邻道路中心线的路口导向线；划于路侧或缘石上时，表示禁止路边长时停放车辆。
4	黄色实线		划于路段中时，用以分隔对向行驶的交通流或作为公交车、校车专用停靠站标线；划于路侧或缘石上时，表示禁止路边停放车辆；划为网格线时，标示禁止停车的区域；划为停车位标线时，表示专属停车位。
5	双白虚线		划于路口，作为减速让行线。
6	双白实线		划于路口，作为停车让行线。
7	白色虚实线		用于指示车辆可临时跨线行驶的车行道边缘，虚线侧允许车辆临时跨越，实线侧禁止车辆跨越。
8	双黄实线		划于路段中，用以分隔对向行驶的交通流。

续表

编号	名称	图例	含义
9	双黄虚线		划于城市道路路段中，用于指示潮汐车道。
10	黄色虚实线		划于路段中时，用以分隔对向行驶的交通流。实线侧禁止车辆越线，虚线侧准许车辆临时越线。
11	橙色虚、实线		用于作业区标线。
12	蓝色虚、实线		作为非机动车专用道标线；划为停车位标线时，指示免费停车位。

（三）道路交通标线的设置

1. 道路交通标线的设置应立足于促进道路交通有序、安全、畅通的原则，符合国家标准《道路交通标志和标线　第3部分：道路交通标线》（GB 5768.3 –2009）和《城市道路交通标志和标线设置规范》（GB 51038 – 2015）的要求。

2. 道路交通标线应根据道路条件、交通流条件、交通环境、道路使用者的需求以及交通管理的需要进行设置，并保持清晰、醒目、准确。

3. 道路交通标线传递的信息应简明、无歧义。重要的禁止性信息和路径指引信息应有规律的连续、重复设置。预告性、警示性标线应按标准要求提前设置。

4. 道路交通标线是交通规则的物化体现，应能准确反映交通管理措施和意图，同时应与交通标志、交通信号灯等交通管理设施表达的信息协调一致。

5. 道路交通标线应与新建、改建道路同步设计、同步建设、同步验收，并及时办理移交。道路交通标线设计应由专业机构或专业人员承担，公安交通管理部门应当参与道路交通标线的设计方案审查、工程验收。

6. 开展道路交通标线的排查工作。发现道路交通标线损坏、灭失、缺少的应及时修复、补充和新增，交通标线磨损、缺少的应及时施划，或及时向有关部门通报。道路交通条件发生改变时，应及时调整、优化道路交通标志标线设置。要有专业的道路交通标线管理队伍，交通设施的维护资金应纳入财政预算予以保障。

7. 公安交通管理部门应明确道路交通标线管理职责和岗位，不断提升专业能力。鼓励通过政府购买服务等方式，积极引入社会力量开展道路交通标线的优化设计、管理和维护等服务。

三、交通信号灯

（一）交通信号灯的概念

交通信号灯是用灯光颜色向交通参与者发出特定的指示、禁止、警示等作用的专用灯具。交通信号灯由绿、黄、红三种颜色的交通信号灯组成，主要通过交通信号灯颜色的变化来实现对交叉口车辆、行人通行的控制。

（二）交通信号灯的分类

1. 机动车交通信号灯和非机动车交通信号灯

机动车交通信号灯和非机动车交通信号灯均采用绿、黄、红三种光色作为信号。绿灯是通行信号，绿灯亮时，准许车辆和行人通行，但转弯车辆不准妨碍直行车辆和被放行的行人；黄灯是警告信号，黄灯亮时，不准许车辆和行人通行，但是已越过停车线的车辆和行人可继续通行；红灯是禁止信号，红灯亮时，禁止车辆和行人通行。

2. 人行横道交通信号灯

人行横道交通信号灯设在人流量较大的重要交叉口的人行横道两端。绿灯亮时，准许行人通过人行横道；红灯亮时，禁止行人进人行横道，但是已经进入人行横道的，可以继续通过或在道路中心线处停留等候。

3. 车道交通信号灯

车道交通信号灯设在需单独指挥的车道上方。当绿色箭头灯亮时，准许面对箭头灯的车辆进入绿色箭头所指的车道内运行。当红色叉形灯亮时，不准面对红色叉形灯下方的车道车辆通行。

4. 方向指示交通信号灯

方向指示交通信号灯的箭头方向向左、向上、向右分别表示左转、直行、右转。

5. 闪光警告交通信号灯

闪光警告交通信号灯为持续闪烁的黄灯，常用于夜间或危险处，提示车辆、行人通行时注意瞭望，确认安全后通过，起警告作用。

6. 道路与铁路平面交叉道口交通信号灯

道路与铁路平面交叉交通信号灯有两个红灯，红灯交替闪烁或一个红灯亮时，表示禁止车辆、行人通行；红灯熄灭时，表示允许车辆、行人通行。

（三）交通信号灯的设置

1. 交通信号灯的设置、安装应符合国家标准《道路交通信号灯设置与安装规范》（GB 14886 – 2016）的要求。交通信号灯设置的位置、方位、数量应能保证车辆驾驶人和行人均能清晰、准确地观察到交通信号灯。在大型路口、畸形路口、视线不良的路口，应根据需要在适当位置增设交通信号灯。

2. 交通信号灯的设置应与道路交通标志、标线等设施表达的信息互相协调，不应自相矛盾。交通信号灯的组合应与导向车道划分相配合，合理选用方向指示交通信号灯。

3. 信号相位、配时要科学、精细，根据交通流量的分布情况合理划分控制时段、确定控制方案。设置的行人绿灯时间要确保行人能够安全步行过街。信号放行规则在一个城市内的道路上宜基本一致。

4. 市区道路或相对独立的城市片区应尽量采用可以联网控制的交通信号控制机，鼓励根据实际需要联入统一的交通信号控制系统。

5. 主、次干道交通信号灯路口应进行协调控制并优化，运用"慢进快出""截流、分流"等控制策略，采用"绿波带""红波带"等控制方式，在高峰时有效均衡交通流、缓解拥堵；在平峰时保证交通流连续、畅通，提高通行效率。

6. 交通信号灯及信号控制系统的新建、更新、改造，应纳入规划，有序实施，工程建设公开、公正。鼓励采用先进的控制设备和控制系统，但同时要考虑设备、平台的对接和兼容。鼓励新建、补充和完善交通流检测设备，用数据支撑交通信号的控制和优化。

第二部分　实训方案

一、实训目的与要求

通过学习和训练，使学员在掌握道路交通标志、道路交通标线和交通信号定义、种类及设置原则的基础上，通过实地调查，分析某辖区道路交通标志、道路交通标线和交通信号灯在设置上存在的突出问题，并能够提出整改措施，以提高其分析问题和实际应用能力。

二、实训内容

（一）道路交通标志、标线设置的隐患排查与整改

1. 道路交通标志颜色、尺寸、形状、版面不规范

道路交通标志颜色、形状和版面未按标准规定设置，禁令标志和指示标志套用方式不符合标准；道路交通标志尺寸过小，不易识别。

2. 道路交通标志图案不规范

道路交通标志采用的图案样式不符合标准规定；标志图案、文字尺寸过小。

3. 交通标线颜色、线型不规范

交通标线的颜色不符合标准规定，如对向车道分界线采用白色、导向车道线采用黄色；交通标线的线型尺寸和样式不符合标准规定，如可跨越同向车道分界线线段及间隔长度为 400 cm 和 400 cm。

4. 人行横道式样不符合规定

部分城市对人行横道采用"创新"，施划了"爱心斑马线"或"脸谱斑马线"，但不符合相关规定。

5. 道路交通标志被遮挡

道路交通标志被树木、灯杆、广告牌、宣传横幅遮挡，道路交通标志之间互相遮挡，影响驾驶人视认。

6. 道路交通标志缺失或看不清

道路建设时，未同步设置道路交通标志，导致道路交通标志缺失或不完善。由于维护不及时，导致标志破损、污损；道路交通标志的反光膜选用不当、级别不统一，造成夜间或逆光情况下，显示不清楚、图形模糊。

7. 道路交通标志排序不对

同一杆件上，多种标志并行设置时，未按照标准规定进行排列。

8. 道路交通标志设置数量过多

同一杆件上，设置过多道路交通标志。

9. 道路交通标线识别不清

旧的道路交通标线未铲除彻底，导致新旧道路交通标线同时存在。道路交通标线反光体脱落丧失反光效果，或未采用具有反光效果的道路交通标线等原因，造成道路交通标线夜间无法被识别。

10. 道路交通标志与标线之间不协调

道路交通标志与标线之间信息矛盾，如分车道标志中显示的车道数和车道功能，与地面标线不一致；道路交通标志与标志之间信息矛盾，如禁止通行标志与非机动车行驶标志同时设置。

11. 道路交通标线之间不协调

因设立公交专用道等原因，导致道路交叉口同侧允许社会车辆通行的出口车道数少于进口直行车道数，或是同侧路口允许社会车辆直行进口车道数少于路段中允许社会车辆通行直行车道数，造成交通拥堵，交叉口通行效率低。

12. 指路标志信息不明确、不连续

指路标志中的道路信息存在丢失、遗漏等问题。如前方的交叉口预告标志中出现的道路信息，在后面的交叉口告知标志中没有出现。

13. 禁令标志中的禁行类标志缺少重复设置

对实施禁行的区域、路段，未在前方路口进行预告，导致驾驶人误入禁行区；在长路段、路段中开口较多的道路实施禁行时，没有重复设置道路交通标志，导致驾驶人容易遗忘或不知实施何种禁行措施。

14. 禁停标志指示不明确

实施限时、限车种、限区域的禁停措施时，未对禁停的时间段、车种、区域范围等进行说明。

15. 限速标志限速值不合理

道路交通条件较好，但是设置的限速值过低。

16. 危险路段缺少警告标志

急弯、陡坡、临崖、临水等危险路段，未按规定设置警告标志。

17. 让行道路交通标志标线缺少

城市道路中，主干路、次干路与支路相交的非灯控路口，或公路上非灯控路口，未施划相应的让行道路交通标志和标线，存在交通安全隐患。

18. 道路交通标志中设置广告信息

如在指路标志中出现单位、酒店、商场等商业广告性质的信息。

19. 人行横道设置不合理

人行横道线的设置位置不当，如与人行道、无障碍通道不对应；与隔离设施不匹配，如被隔离栏、绿化带阻隔；缺少必要的人行横道预告、指示标志标线。

此外，在道路交通标志标线排查整改中，发现的其他影响标志标线视认、规范、系统、连续的设置，也应一并整改。

（二）交通信号灯设置的隐患排查与整改

1. 交通信号灯不能正常使用

交通信号灯硬件缺损或故障，不能正常显示，导致交通信号灯不亮、单一灯色显示时间过长、交通信号灯亮度不够等问题。

2. 交通信号灯使用"复合灯"

"复合灯"是指在同一个发光单元内显示红、黄、绿灯多种灯色。未按标准要求"红色、黄色、绿色三个几何位置分立"，色盲、色弱等交通参与者无法通过位置辨别交通信号灯的灯色，存在安全隐患。

3. 交通信号灯排列顺序不规范

交通信号灯上下、左右关系或灯组排列顺序不符合《道路交通信号灯设置与安装规范》（GB 14886 – 2016）的强制性规定，影响交通参与者的视认，存在安全隐患。

4. 交通信号灯形状或图案不正确

交通信号灯的形状、图案不符合标准，影响执法效力。

5. 交通信号灯应设未设

已达到设置条件的路口或路段却未设置交通信号灯，路口交通秩序差，易导致交通拥堵，甚至引发交通事故。

6. 交通信号灯安装数量过少

道路路段双向六车道及以上的大型路口每个进口方向仅设置 1 组交通信号灯（主灯），无法满足交通信号灯的覆盖范围要求，影响驾驶人准确辨识。

7. 交通信号灯安装位置和方位不正确

交通信号灯的位置未按标准规定设置，不符合驾驶人的视认习惯，不利于驾驶人的快速识别和反应。

8. 交通信号灯安装位置过远

交通信号灯设置的位置距离所指示方向停止线达到 80 米以上，在雾霾或光照比较强烈时影响驾驶人准确辨识，存在交通安全隐患。

9. 交通信号灯被遮挡

部分道路上交通信号灯特别是立柱式交通信号灯，被树木、广告牌和宣传横幅等遮挡，影响驾驶人视认，存在交通安全隐患。

10. 交通信号灯与路口车道功能不匹配

在没有专用左转车道或专用右转车道的路口设置了左转或右转方向指示交通信号灯及专用左转或右转相位，交通信号灯与路口车道功能不匹配。

11. 方向指示交通信号灯放行相位通行权冲突

部分路口方向指示灯与机动车交通信号灯（即满屏灯）绿灯同亮，或左、直、右三个方向指示交通信号灯绿灯同亮，存在交通信号灯指示的机动车交通流与同向非机动车、行人交通流通行权以及对向交通流冲突的问题，存在交通安全隐患。

12. 交通信号灯灯色转换顺序不规范

部分交叉口机动车交通信号灯、方向指示交通信号灯从红灯向绿灯过渡时增加了"红灯闪烁"或"红黄同亮"灯色，或者绿灯向红灯转换时未设置黄灯信号。

13. 右转方向指示交通信号灯黄灯闪烁

部分地方对路口的右转机动车采用了右转方向指示交通信号灯黄灯常闪

的方式，用以指示右转车辆注意安全通行，但不符合标准对黄闪交通信号灯的定义以及交通信号灯组合的要求。

14. 交通信号灯信号配时不合理

交通信号灯配时未考虑交通流量的实时变化情况，全天各时段配时方案固定不变或只有一两个方案。

15. 行人过街信号时间不足

设置的行人绿灯时间不足，或没有采取交通工程措施缩短行人过街距离，导致行人无法在绿灯期间安全通过路口，存在安全隐患。

16. 多相位交通信号灯应用不当

在交通流量、流向不满足设置条件的路口采用了多相位信号控制方式，例如城市新开发区夜间交通流量极少，但仍采用多相位信号控制，导致路口通行效率降低。

17. 用交通信号灯代替道路交通标志

在禁止机动车左转（或右转）的路口，通过左转（或右转）方向指示交通信号灯常红方式，代替禁止左转（右转）的禁令标志；或创造新型图案的交通信号灯来表达禁止左转（右转）的含义。

三、实训条件

（一）实训器材及装备

交警反光背心、多功能反光腰带、白手套、警用哨子、手持台、警务通、执法记录仪、警用文书包等基本单警装备以及统一制式头盔、发光指挥棒、停车示意牌等装备。

（二）实训场地

某一区域范围内的道路。

四、实训组织

以实训小组为单位，指导学员进行区域道路交通标志、标线以及交通信号隐患排查实训，要求学员自行讨论小组成员分工、设计情境、实战演练、突发事件处置等。具体地，学员们分成若干小组，每个小组4~5人，设置小组长1名，并有1~2名实战部门人员予以指导。

（一）选择某区域范围内的道路，安排部署警力，按时派送学员到达指定道路交通环境。

（二）全面开展排查。研究制定方案，明确分组人员名单。对照工作方案要求，组织力量，开展实地调查，查找记录道路交通标志、标线以及交通信号设置中存在的问题，对辖区道路上的所有道路交通标志标线、交通信号灯和交通技术监控设备开展全面排查，逐一建立台账。

（三）提出整改措施。讨论分析道路交通标志、标线以及交通信号设置中存在的问题，并提出相应的整改措施。立足边排查、边整改，对训练场地标志标线、交通信号灯、电子监控设备明显不符合标准要求的问题，迅速提出整改方案；对复杂疑难、争议较大的问题，要与教师教官研究会诊，提出整改意见和具体措施。凡是道路交通标志标线、交通信号灯和交通技术监控设备设置使用不符合国家标准的，要提出不能作为处罚依据的意见。

（四）形成并提交分析报告，并制作讲解PPT。

（五）教师教官完成考核，并点评。

五、实训考核及评分标准

由教师、实战教官组成考核小组，由教师教官就学习、实地调查、分析讨论、提交研究报告和制作讲解等训练及实战考核的整体情况进行考核点评。其中实训小组根据各自实训情况提交实训书面报告和PPT，实训研究报告和PPT要求客观、真实、全面、清晰，并完成最终的分数考评，以百分制计算，其中实地调查占20%、研究报告占50%、制作讲解PPT占30%。

参考文献：

［1］路峰、汤三红主编．道路交通管理学［M］．中国人民公安大学出版社，2014.

［2］管满泉、刘建华、王志华主编．道路交通秩序管理教程［M］．中国人民公安大学出版社，2005.

［3］杜心全、卢勇主编．道路交通管理［M］．群众出版社，2009.

［4］汤三红、程志凯、胡大鹤主编．道路交通管理教程［M］．中国人民公安大学出版社，2013.

［5］杨松林主编．道路交通安全法规教程［M］．人民交通出版社，2011年.

［6］翟润平主编．交通管理理论与技术研究综述［M］．中国人民公安大学出版社，2013.

实训项目七　道路交通安全违法行为查处

什么是道路交通安全违法行为（简称交通违法行为）；交通违法行为处罚的种类及适用；交通违法行为处罚的程序；交通违法行为处罚如何执行

第一部分　业务详解

道路交通安全违法行为是指道路交通安全法律关系主体（国家机关、企事业单位、社会团体及其他组织或公民）违反道路交通安全法律规范，依照道路交通安全法律法规的规定应受行政处罚的行为。道路交通安全行政处罚，是指公安机关及其交通管理部门，为了维护道路交通秩序、保障道路交通安全与畅通，依法对违反道路交通安全行为人所给予制裁的一种行政行为。

一、道路交通安全违法行为处罚的种类

《道路交通安全法》第八十八条规定："对道路交通安全违法行为的处罚种类包括：警告、罚款、暂扣或者吊销机动车驾驶证、拘留。"

（一）警告

警告是指公安交通管理部门依法对违反道路交通安全行为人予以谴责和告诫的一种行政处罚方法。从性质上来看，它属于一种申诫罚，其目的是通过对违法行为人一种精神上、名誉或者荣誉方面的惩戒，申明其有违法行为，并指出其危害性，告诫其以后不要再犯。警告并不对违法行为人的人身或者财产权利进行剥夺和限制，它是对道路交通安全违法行为实施的最轻的一种

行政处罚。警告一般适用于情节轻微、后果不严重的道路交通安全违法行为。根据《中华人民共和国行政处罚法》（以下简称《行政处罚法》）的有关规定，警告作为一种行政处罚，必须对被处罚人出具处罚决定书，当事人对警告处罚不服的，可以提起行政复议或者行政诉讼。《道路交通安全法》第八十九条规定："行人、乘车人、非机动车驾驶人违反道路交通安全法律、法规关于道路通行规定的，处警告或者五元以上五十元以下罚款……"。《道路交通安全法》第九十条的规定："机动车驾驶人违反道路交通安全法律、法规关于道路通行规定的，处警告或者二十元以上二百元以下罚款。本法另有规定的，依照规定处罚。"

（二）罚款

罚款是指公安机关交通管理部门依法强制道路交通安全违法行为人当场或者在规定的期限内交纳一定数额金钱的一种行政处罚方法。从性质上来看，它属于一种财产罚。这种处罚旨在通过经济上的制裁而达到教育、警示违法行为人的目的。在对道路交通安全违法行为进行处罚的方式中，罚款是适用最为普遍的一种处罚方法。《道路交通安全法》第一百零七条规定："对道路交通违法行为人予以警告、二百元以下罚款，交通警察可以当场作出行政处罚决定，并出具行政处罚决定书。行政处罚决定书应当载明当事人的违法事实、行政处罚的依据、处罚的内容、时间、地点以及处罚机关的名称，并由执法人员签名或者盖章。"

（三）拘留

拘留，指公安机关依法对道路安全违法行为人实施的在一定时间内限制其人身自由的一种行政处罚，是交通行政处罚中最为严厉的一种处罚方法。从性质上看，属人身罚。拘留一般适用于严重违反道路交通安全的行为人，如《道路交通安全法》第九十一条的有关规定，"饮酒后驾驶机动车的，处暂扣六个月机动车驾驶证，并处一千元以上二千元以下罚款。因饮酒后驾驶机动车被处罚，再次饮酒后驾驶机动车的，处十日以下拘留，并处一千元以上二千元以下罚款，吊销机动车驾驶证。醉酒驾驶机动车的，由公安机关交通管理部门约束至酒醒，吊销机动车驾驶证，依法追究刑事责任；五年内不得重新取得机动车驾驶证。饮酒后驾驶营运机动车的，处十五日拘留，并处五千元罚款，吊销机动车驾驶证，五年内不得重新取得机动车驾驶证。醉酒驾驶营运机动车的，由公安机关交通管理部门约束至酒醒，吊销机动车驾驶证，依法追究刑事责任；十年内不得重新取得机动车驾驶证，重新取得机动车驾驶证后，不得驾驶营运机动车。饮酒后或者醉酒驾驶机动车发生重大交通事故，构成犯罪的，依法追究刑事责任，并由公安机关交通管理部门吊销机动车驾驶证，终生不得重新取得机动车驾驶证。"同时，根据《道路交通安全违法行为处理程序规定》第六条第三款的有关规定："对违法行为人处以行政拘留处罚的，由县、市公安局、公安分局或者相当于县一级的公安机关作出处罚决定。"

（四）暂扣机动车驾驶证

暂扣机动车驾驶证，是指公安机关交通管理部门因机动车驾驶人的道路交通安全违法行为而暂停其机动车驾驶资格的一种处罚。无论是许可证还是执照，都是公民法人或者其他组织的某种资格、能力符合法定条件，从而得到国家法律的承认和保障的证明。因此，从性质上说，暂扣机动车驾驶证属于能力罚。驾驶人在被暂扣机动车驾驶证期间，不能驾驶车辆，否则按无证驾驶进行处罚。如《道路交通安全法》第九十九条规定，"有下列行为之一的，由公安机关交通管理部门处二百元以上二千元以下罚款：（一）未取得机动车驾驶证、机动车驾驶证被吊销或者机动车驾驶证被暂扣期间驾驶机动车的；……有第一项、第三项、第五项至第八项情形之一的，可以并处十五日以下拘留。"暂扣机动车驾驶证的处罚可以单独适用，也可以和其他处罚合并适用。同时，根据《道路交通安全法》第一百一十三条第一款规定的"暂扣机动车驾驶证的期限从处罚决定生效之日起计算；处罚决定生效前先予扣留机动车驾驶证的，扣留一日折抵暂扣期限一日。"根据《道路交通安全违法行为处理程序规定》的第六条第一款的规定"对违法行为人处以警告、罚款或者暂扣机动车驾驶证处罚的，由县级以上公安机关交通管理部门作出处罚决定。"

（五）吊销机动车驾驶证

吊销机动车驾驶证，是指公安机关道路交通管理部门对违反道路交通安全的机动车驾驶人实施取消其驾驶资格的处罚，它是对道路交通安全违法行为人比较严厉的一种能力罚（资格罚）。驾驶人被吊销驾驶证后，不能驾驶车辆上道路行驶，否则将作为无证驾驶予以处罚。

吊销机动车驾驶证可以单独适用，也可以和其他处罚合并适用。如《道路交通安全法》第一百条第二款的有关规定"对驾驶拼装或已达到报废标准的机动车上道路行驶的驾驶人，处二百元以上二千元以下罚款，并处吊销机动车驾驶证。"《道路交通安全法》第一百零一条第一款规定"违反道路交通安全法律、法规的规定，发生重大交通事故，构成犯罪的，依法追究刑事责任，并由公安机关交通管理部门吊销机动车驾驶证。"

根据《道路交通安全违法行为处理程序规定》第六条第二款的规定"对违法行为人处以吊销机动车驾驶证处罚的，由设区的市公安机关交通管理部门作出处罚决定。"此外，根据《机动车驾驶证申领和使用规定》第十三条第一款第七项的有关规定，吊销机动车驾驶证未满二年的，不得申请机动车驾驶证；而且依据《道路交通安全法》第一百零一条的规定："违反道路交通安全法律、法规的规定，发生重大交通事故，构成犯罪的，依法追究刑事责任，并由公安机关交通管理部门吊销机动车驾驶证。造成交通事故后逃逸的，由公安机关交通管理部门吊销机动车驾驶证，且终生不得重新取得机动车驾驶证。"这就意味着当事人绝对地丧失了驾驶机动车的资格。

二、道路交通安全违法行为处罚的程序

（一）简易程序

《道路交通安全违法行为处理程序规定》第四十一条第一款规定，"对违法行为人处以警告或者二百元以下罚款的，可以适用简易程序。"

《道路交通安全违法行为处理程序规定》第四十二条规定："适用简易程序处罚的，可以由一名交通警察作出，并应当按照下列程序实施：（一）口头告知违法行为人违法行为的基本事实、拟作出的行政处罚、依据及其依法享有的权利；（二）听取违法行为人的陈述和申辩，违法行为人提出的事实、理由或者证据成立的，应当采纳；（三）制作简易程序处罚决定书；（四）处罚

决定书应当由被处罚人签名、交通警察签名或者盖章，并加盖公安机关交通管理部门印章；被处罚人拒绝签名的，交通警察应当在处罚决定书上注明；（五）处罚决定书应当当场交付被处罚人；被处罚人拒收的，由交通警察在处罚决定书上注明，即为送达。交通警察应当在二日内将简易程序处罚决定书报所属公安机关交通管理部门备案。"《道路交通安全违法行为处理程序规定》第四十三条规定，"简易程序处罚决定书应当载明被处罚人的基本情况、车辆牌号、车辆类型、违法事实、处罚的依据、处罚的内容、履行方式、期限、处罚机关名称及被处罚人依法享有的行政复议、行政诉讼权利等内容。"第四十四条则规定，"制发违法行为处理通知书应当按照下列程序实施：（一）口头告知违法行为人违法行为的基本事实；（二）听取违法行为人的陈述和申辩，违法行为人提出的事实、理由或者证据成立的，应当采纳；（三）制作违法行为处理通知书，并通知当事人在十五日内接受处理；（四）违法行为处理通知书应当由违法行为人签名、交通警察签名或者盖章，并加盖公安机关交通管理部门印章；当事人拒绝签名的，交通警察应当在违法行为处理通知书上注明；（五）违法行为处理通知书应当当场交付当事人；当事人拒收的，由交通警察在违法行为处理通知书上注明，即为送达。交通警察应当在二十四小时内将违法行为处理通知书报所属公安机关交通管理部门备案。"

（二）一般程序

《道路交通安全违法行为处理程序规定》第四十一条第二款的有关规定，"对违法行为人处以二百元（不含）以上罚款、暂扣或者吊销机动车驾驶证的，应当适用一般程序……"。

《道路交通安全违法行为处理程序规定》第四十六条规定，"适用一般程序作出处罚决定，应当由两名以上交通警察按照下列程序实施：（一）对违法事实进行调查，询问当事人违法行为的基本情况，并制作笔录；当事人拒绝接受询问、签名或者盖章的，交通警察应当在询问笔录上注明；（二）采用书面形式或者笔录形式告知当事人拟作出的行政处罚的事实、理由及依据，并告知其依法享有的权利；（三）对当事人陈述、申辩进行复核，复核结果应当在笔录中注明；（四）制作行政处罚决定书；（五）行政处罚决定书应当由被处罚人签名，并加盖公安机关交通管理部门印章；被处罚人拒绝签名的，交通警察应当在处罚决定书上注明；（六）行政处罚决定书应当当场交付被处罚人；被处罚人拒收的，由交通警察在处罚决定书上注明，即为送达；被处罚人不在场的，应当依照《公安机关办理行政案件程序规定》的有关规定送达。"

（三）听证程序

对于较大数额的罚款和吊销机动车驾驶证的处罚决定，当事人还有权选择适用听证程序。

此外，《道路交通安全违法行为处理程序规定》第四十九条规定，"对违法行为事实清楚，需要按照一般程序处以罚款的，应当自违法行为人接受处理之时起二十四小时内作出处罚决定；处以暂扣机动车驾驶证的，应当自违法行为人接受处理之日起三日内作出处罚决定；处以吊销机动车驾驶证的，应当自违法行为人接受处理或者听证程序结束之日起七日内作出处罚决定，交通肇事构成犯罪的，应当在人民法院判决后及时作出处罚决定。"

三、道路交通安全违法行为处罚的适用

（一）数种交通违法行为的处罚

《道路交通安全违法行为处理程序规定》第四十八条第一款规定："一人有两种以上违法行为，分别裁决，合并执行，可以制作一份行政处罚决定书"。所谓"分别裁决、合并执行"，就是对两种以上的道路交通安全违法行为分别依法裁量，决定处罚的种类和幅度，然后将所决定的处罚实行"简单相加法"，执行一个总合的处罚。

（二）共同交通违法行为的处罚

二个以上主体共同违反道路交通安全的行为，具有以下一些基本特征：一是二个以上的主体；二是实施的同一违反道路交通安全的行为；三是行为人主观上表现为共同故意。对于二人以上共同违反道路交通安全行为的，则根据其在共同违法中所处的地位、所起的作用来决定处罚。违法情节重的处

予较重的处罚，违法情节轻的则给予较轻的处罚。但是，对于处罚主体不一致的，应当分别制作公安交通管理行政处罚决定书。如《道路交通安全违法行为处理程序规定》第四十八条第二款规定，"一人只有一种违法行为，依法应当并处两个以上处罚种类且涉及两个处罚主体的，应当分别制作行政处罚决定书。"

四、道路交通安全违法行为处罚的执行

道路交通安全违法行为处罚的执行可以分为自觉履行和强制执行两种。自觉履行，是指道路交通安全违法行为人在法定的期限内，自觉履行道路交通安全行政处罚所决定的义务的行为；强制执行，是指公安机关交通管理部门对于法定时间内未履行处罚决定义务的道路交通安全违法行为人依法自行或者向人民法院申请采取强制措施，强制其履行处罚决定义务的行为。

（一）罚款的执行

1. 当事人的自觉履行

根据《道路交通安全法》第一百零八条的规定，"当事人应当自收到罚款的行政处罚决定书之日起十五日内，到指定的银行缴纳罚款。对行人、乘车人和非机动车驾驶人的罚款，当事人无异议的，可以当场予以收缴罚款。罚款应当开具省、自治区、直辖市财政部门统一制发的罚款收据；不出具财政部门统一制发的罚款收据的，当事人有权拒绝缴纳罚款。"同时，根据《道路交通安全违法行为处理程序规定》第五十一条的有关规定，"对行人、乘车人、非机动车驾驶人处以罚款，交通警察当场收缴的，交通警察应当在简易程序处罚决定书上注明，由被处罚人签名确认。被处罚人拒绝签名的，交通警察应当在处罚决定书上注明。交通警察依法当场收缴罚款的，应当开具省、自治区、直辖市财政部门统一制发的罚款收据；不开具省、自治区、直辖市财政部门统一制发的罚款收据的，当事人有权拒绝缴纳罚款。"

2. 强制执行

行政处罚的强制执行，是指行政主体对拒绝履行行政处罚决定义务的当事人，依法采取强制性措施，迫使其履行行政处罚义务的行为。《道路交通安

全法》第一百零九条的规定，"当事人逾期不履行行政处罚决定的，作出行政处罚决定的行政机关可以采取下列措施：（一）到期不缴纳罚款的，每日按罚款数额的百分之三加处罚款；（二）申请人民法院强制执行。"

（二）行政拘留的执行

根据《公安机关办理行政案件程序规定》第一百九十四条的规定，"对被决定行政拘留的人，由作出决定的公安机关送达拘留所执行。对抗拒执行的，可以使用约束性警械。对被决定行政拘留的人，在异地被抓获或者具有其他有必要在异地拘留所执行情形的，经异地拘留所主管公安机关批准，可以在异地执行。"同时，《公安机关办理行政案件程序规定》第一百九十六条、第一百九十七条第一、二款规定，"被处罚人不服行政拘留处罚决定，申请行政复议或者提起行政诉讼的，可以向作出行政拘留决定的公安机关提出暂缓执行行政拘留的申请；口头提出申请的，公安机关人民警察应当予以记录，并由申请人签名或者捺指印。被处罚人在行政拘留执行期间，提出暂缓执行行政拘留申请的，拘留所应当立即将申请转交作出行政拘留决定的公安机关。""公安机关应当在收到被处罚人提出暂缓执行行政拘留申请之时起二十四小时内作出决定。公安机关认为暂缓执行行政拘留不致发生社会危险，且被处罚人或者其近亲属提出符合条件的担保人，或者按每日行政拘留二百元的标准交纳保证金的，应当作出暂缓执行行政拘留的决定。"

《公安机关办理行政案件程序规定》第一百九十八条还规定，"被处罚人具有下列情形之一的，应当作出不暂缓执行行政拘留的决定，并告知申请人：（一）暂缓执行行政拘留后可能逃跑的；（二）有其他违法犯罪嫌疑，正在被调查或者侦查的；（三）不宜暂缓执行行政拘留的其他情形。"此外，《公安机关办理行政案件程序规定》第一百九十九条规定，"行政拘留并处罚款的，罚款不因暂缓执行行政拘留而暂缓执行。"

（三）暂扣、吊销机动车驾驶证的执行

依据《道路交通安全违法行为处理程序规定》第五十三条的规定："公安机关交通管理部门对非本辖区机动车驾驶人给予暂扣、吊销机动车驾驶证处罚的，应当在作出处罚决定之日起十五日内，将机动车驾驶证转至核发地公安机关交通管理部门。违法行为人申请不将暂扣的机动车驾驶证转至核发地公安机关交通管理部门的，应当准许，并在行政处罚决定书上注明。"《道路交通安全法》第一百一十三条则规定，"暂扣机动车驾驶证的期限从处罚决定生效之日起计算；处罚决定生效前先予扣留机动车驾驶证的，扣留一日折抵暂扣期限一日。吊销机动车驾驶证后重新申请领取机动车驾驶证的期限，按照机动车驾驶证管理规定办理。"同时，《机动车驾驶证申领和使用规定》第十三条第一款第五项至第七项规定，醉酒驾驶机动车或者饮酒后驾驶营运机动车依法被吊销机动车驾驶证未满五年的、醉酒驾驶营运机动车依法被吊销机动车驾驶证未满十年的、因其他情形依法被吊销机动车驾驶证未满二年的等情形，不得申请机动车驾驶证。

第二部分　实训方案

一、实训目的与要求

　　道路交通安全违法行为具有面广量大、查处困难的特点，严格依法处理道路交通安全违法行为，是公安机关交通管理部门维护道路交通安全畅通的基本手段和日常工作。交通管理者在管理活动中应根据不同的交通违法者的特点，因人而异，采取不同的纠正违法方法，并正确、合理地适用交通安全法律规范，才能有效地查处交通违法行为，提高交通执法水平，维护交通秩序，创造良好的执法环境。本次实训的重点在于交通警察如何纠违和查处各种交通违法行为。通过这一环节的实训，使学员在今后的实际工作中，能够善于运用相关法律法规，及时发现、认定和有效地纠正、正确处罚交通违法行为，从而维护交通法律法规的严肃性。

　　要求学员必须牢固树立执法为民、规范执法、严格执法的法治素养；提高依法管理的科学性和准确性，做到有法必依、执法必严、违法必究；对待人民群众热情服务、礼貌待人，贯彻全心全意为人民服务的宗旨意识；坚守岗位、严守纪律，言语文明、规范，仪态端庄、警容严整；加强团结合作意识，并拥有集体荣誉感。能够熟练掌握相关法律法规，及时快速查处各类常见道路交通违法行为，纠正、消除安全隐患。同时具备良好的应急反应能力和应对执法中遭遇突发情况的处置能力；聆听和使用技巧与他人有效沟通的能力；取得现场舆论支持和正确引导舆情的能力；能够适时开展道路交通安全教育的能力以及勤于思考、乐于创新的能力等。

二、实训内容

（一）设计各种交通违法行为及其查处的情境，通过交通违法者的扮演，以角色互换的形式，使学员揣摩和体会交通违法者的对抗心理、顺从心理、畏惧心理、无所谓心理、攀比心理和选择心理等诸多心理状态；

（二）需要学员以交通警察的身份，通过适当的方法，体现促使交通违法者接受、理解、内化有关交通法律法规知识，消除抵触情绪和逆反心理，进而形成正确态度的过程；

（三）要求学员在学习相关法律规范的基础上，在模拟交通违法行为处理的过程中能够遵循法定的程序，正确地运用所学的法律规范查处各类常见的交通违法行为。

三、实训条件

（一）查处场所

模拟街区（有条件的在实际道路上进行）。

（二）器材

单警装备（头盔、反光背心、反光腰带、发光指挥棒、警绳，手持台、警务通等）5 套；停车示意牌；照相机；酒精检测仪（配套吹气管）1 台；必要时可配备测速仪、急救箱等警用装备和器械。

四、实训组织

（一）教师、教官讲解本次实训教学的目的、意义、内容、具体要求和注意事项；

（二）将学员每 3～4 人分成若干组，分别模拟交通警察和交通违法者，设计各种违法行为，分组讨论，确定角色和分工，配合完成某项交通违法行为的查处考核，每小组约 10～15 分钟；

（三）讨论完毕，以小组为单位，向教师、教官提供模拟的某一交通违法行为及其扮演角色的学员名单；

（四）按照小组顺序，依次模拟实践，教师、教官认真听取，及时打分；

（五）教师、教官进行总结，全面而有重点地评析各小组学员的表现，充分肯定每小组学员实训中的"亮点"，剖析纠正错误，鼓励学员在今后注意运用所学知识，做好交通违法行为处理及其他各项实际交通管理工作。

五、实训考核及评分标准

教师、教官要根据每个小组和学员的表现，以体现本次实训教学的内容和要求的程度，并从各个方面综合考虑进行打分，要求及时、客观、公正，最后给予确定的分值，并记入学员的平时成绩。

（一）总体要求

1. 根据制定的本次实训教学内容和重点，在模拟街区，以交通违法行为查处为内容分批组织学员现场考试。

2. 教师以及实战部门教官共同考核，由数名同志担任考官，当场打分。

（二）考试流程

1. 全体学员在考核地点前集中，教师、教官讲解本次考核的具体要求和注意事项；

2. 以小组为单位，向教师、教官提供模拟的某一交通违法行为及其扮演角色的学员名单；

3. 按照小组顺序，依次考核，教师、教官认真听取，及时打分和评析。

（三）考场要求

1. 全体学员按规定着装；

2. 严禁将手机带入考场，违者取消考试资格；

3. 遵守纪律，听从考务人员安排，不得擅自行动，不得大声喧哗；

4. 全体学员自带黑色（蓝色）水笔一支，以备考试记录。

要求学员在学习相关法律规范的基础上，在模拟交通违法行为处理的过程中能够遵循法定的程序，严格依法处理各类交通违法行为。考官可根据学员训练的完整度和操作的规范、细致、全面、文明等方面进行扣分。

表7-1　交通管理专业交通违法行为查处能力考核表

形式	考试时，考生训练符合要求者，不扣分；不符合要求者，酌情扣分。			
能力点	考 核 内 容	考核标准	分值	扣分
执勤执法规范	1　纠违过程	是否操作	5分	
	2　违法事实和情节	是否清楚	10分	
	3　处罚依据	是否明确	10分	
	4　处罚程序	是否正确	10分	
	5　处罚结果	是否恰当	10分	
	6　执勤用语	是否规范	5分	
	7　使用法律文书	是否规范	10分	
	8　其他	是否规范操作	5分	
模拟程度	1　交通违法者与交通警察的心理变化	是否操作	15分	
	2　表演	是否逼真	10分	
警容仪表	1　按要求着装	是否规范	5分	
	2　精神状态	是否良好	5分	
总扣分				
考官备注（即：对考试过程中，需要说明的事项）：				

参考文献：

［1］马骏、欧居尚主编．道路交通心理［M］．中国人民公安大学出版社，2015．

［2］路峰、汤三红主编．道路交通管理学［M］．中国人民公安大学出版社，2014．

［3］公安部道路交通安全研究中心编．交通警察道路执勤执法指导手册［M］．人民交通出版社，2015．

［4］金治富主编．交通管理综合实训指导书［M］．中国人民公安大学出版社，2013．

［5］何树林编著．道路交通安全管理法规与案例教程［M］．国防工业出版社，2012．

［6］黄明主编．交巡警队长手册［M］，群众出版社，2007．

［7］公安部交通管理局编．中华人民共和国道路交通安全法适用指南［M］．中国人民公安大学出版社，2003．

［8］刘玉增、管满泉主编．道路交通秩序管理［M］．中国人民公安大学出版社，2015．

［9］刘建军、张新海主编．道路交通安全法学［M］．中国人民公安大学出版社，2015．

［10］袁西安、郊红雯主编．道路交通安全法教程（修订本）．中国人民公安大学出版社，2008．

［11］郊红雯、卢勇主编．交通心理学．中国人民公安大学出版社、群众出版社，2010．

实训项目八　交通事故现场处置与勘查

问题引导：

什么是交通事故；交通事故现场如何处置；交通事故现场勘查的内容与基本方法

第一部分　业务详解

交通事故处理，是公安机关交通管理部门根据道路交通安全法律法规，对交通事故进行现场勘查、收集证据、认定责任、处罚责任人和应当事人申请对损害赔偿进行调解的过程。道路交通事故处理是道路交通管理工作的重要组成部分，对于保障当事人合法权益，惩罚肇事者，维护道路交通秩序，保障道路交通安全与畅通有着重要的意义。

一、交通事故的概念及种类

根据《道路交通安全法》第一百一十九条第五项规定："'交通事故'，是指车辆在道路上因过错或者意外造成的人身伤亡或者财产损失的事件"。

（一）构成要件

根据上述规定，道路交通事故包含了以下几方面的要件，缺一不可：

1. 车辆要件

道路交通事故的发生必须是有车辆参与，这里的车辆包括机动车和非机动车。但如果不涉及车辆，如仅是行人与行人相撞，即使其他几个要件都具备也不是道路交通事故。

2. 道路要件

根据《道路交通安全法》第一百一十九条第一项的规定，"道路"是指公路、城市道路和虽在单位管辖范围内，但允许社会机动车通行的地方，包括广场、公共停车场等用于公众通行的场所。这里所指的道路具有公共使用的性质，而厂区、矿区内等单位自建的不通行社会车辆的专用道路、乡间小道、居民小区内的道路均不属于《道路交通安全法》所规定的道路范畴。当然，对于以上道路范围外发生的车辆、行人相撞的事故，就不是道路交通事故。但根据《道路交通安全法》第七十七条的有关规定，"车辆在道路以外通行时发生的事故，公安机关交通管理部门接到报案的，参照本法有关规定办理。"

3. 过错或意外要件

与以往的交通法规相比，《道路交通安全法》对"交通事故"的界定增加了"意外"的因素。这里的意外，通常是指不可抗力，即当事人不可预料也不可避免的情形，如地震、台风和泥石流等。此外，过错指的是当事人的主观心理状态，包括故意和过失。值得一提的是，这里的过错是当事人对引发交通事故的交通违法行为所持有的主观态度，即无论是故意违反道路交通安全法律法规，还是过失违反道路交通安全法律法规，都不影响道路交通事故的构成。

4. 损害后果要件

道路交通事故必须有损害后果，包括人员伤亡或者财产损失，如果没有任何损害后果，则不能称之为道路交通事故。其中人身伤害的程度判断以《人体损伤程度鉴定标准》（2014 年 1 月 1 日起施行）为依据，财产损失指的是交通事故现场的直接财产损失，而不包括间接财产损失。

5. 交通要件

即造成交通事故的主体所进行的运动必须具有交通运输性质，如果不具有交通运输性质，而只是在使用道路中发生的车辆、人员相撞的事件，如军事演习、体育竞赛等，即使其他条件都符合，也不是道路交通事故。

6. 因果关系要件

道路交通事故中，当事人的过错或者意外情况的发生必须与道路交通事故的后果之间存在着因果关系，而如果损害后果的发生与当事人的过错或者意外情形之间不构成因果关系，则不认为是道路交通事故。

（二）种类

根据不同的标准，从不同的角度有多种分法。如按交通事故现象的不同可分为碰撞事故、翻车事故、碾压事故、刮擦事故、坠车事故、爆炸事故和失火事故等；按造成交通事故的原因可分为机动车责任事故、非机动车责任事故、行人责任事故等；按交通事故发生的地点可分为路段事故、交叉路口事故、弯道事故、坡道事故等；按交通事故发生的时间可分为凌晨事故、白天事故、傍晚事故、夜间事故等。按交通事故造成的损害后果类型，分为财产损失事故、伤人事故和死亡事故。一般地，根据交通事故损害后果的严重程度，可以将交通事故分为轻微事故、一般事故、重大事故和特大事故四类：

1. 轻微事故，是指一次造成轻伤 1 至 2 人，或者财产损失机动车事故不足 1000 元，非机动车事故不足 200 元的交通事故。

2. 一般事故，是指一次造成重伤 1 至 2 人，或者轻伤 3 人以上，或者财产损失不足 3 万元的交通事故。

3. 重大事故，是指一次造成死亡 1 至 2 人，或者重伤 3 人以上 10 人以下，或者财产损失 3 万元以上不足 6 万元的交通事故。

4. 特大事故，是指一次造成死亡 3 人以上，或者重伤 11 人以上，或者死亡 1 人，同时重伤 8 人以上，或者死亡 2 人，同时重伤 5 人以上，或者财产损失 6 万元以上的交通事故。

二、交通事故当事人的权利与义务

（一）交通事故当事人的权利

《道路交通安全法》第七十条第二款规定，"在道路上发生交通事故，未造成人身伤亡，当事人对事实及成因无争议的，可以即行撤离现场，恢复交通，自行协商处理损害赔偿事宜；不即行撤离现场的，应当迅速报告执勤的交通警察或者公安机关交通管理部门。"这一规定赋予了当事人自行决定撤离现场、自行协商处理损害赔偿的权利。当然，这项权利的行使有二个必要的条件，一是未造成人身伤亡，如果造成了人身伤亡，当事人则必须立即抢救伤者，保护现场并迅速报警；二是当事人对事实及成因无争议，其中的"事实"指的是交通事故发生的时间、地点、事故发生的过程、事故造成的损失以及事故当事人各方的基本情况等事实，"成因"指的是当事人存在的过错、交通违法行为以及与损害后果之间是否存在因果关系等，"无争议"指的是事故各方当事人对事实及成因等意见一致或基本一致，不存在争议。在这种情况下，当事人可以自己决定撤离现场，或者将车辆移至不妨碍交通的地方，先行恢复交通，再自行协商处理损害赔偿事宜。《中华人民共和国道路交通安全法实施条例》（以下简称《道路交通安全法实施条例》）第八十六条对此还作了进一步的规定，"机动车与机动车、机动车与非机动车在道路上发生未造成人身伤亡的交通事故，当事人对事实及成因无争议的，在记录交通事故的时间、地点、对方当事人的姓名和联系方式、机动车牌号、驾驶证号、保险凭证号、碰撞部位，并共同签名后，撤离现场，自行协商损害赔偿事宜。当事人对交通事故事实及成因有争议的，应当迅速报警。"《道路交通事故处理程序规定》第二十一条也有类似的规定："当事人自行协商达成协议的，制作道路交通事故自行协商协议书，并共同签名。道路交通事故自行协商协议书应当载明事故发生的时间、地点、天气、当事人姓名、驾驶证号或身份证号、联系方式、机动车种类和号牌号码、保险公司、保险凭证号、事故形态、碰撞部位、当事人的赔偿责任等内容。"

（二）交通事故当事人的义务

《道路交通安全法》第七十条第一款规定，"在道路上发生交通事故，车辆驾驶人应当立即停车，保护现场；造成人身伤亡的，车辆驾驶人应当立即抢救受伤人员，并迅速报告执勤的交通警察或者公安机关交通管理部门。因抢救受伤人员变动现场的，应当标明位置。乘车人、过往车辆驾驶人、过往行人应当予以协助。"

1. 立即停车

发生了道路交通事故，无论是造成人身伤亡还是财产损失，车辆驾驶人都应当立即停车，并下车确认事故的发生，查看现场、受害人和有关车辆、物品的损害情况。如果当事人明知道发生道路交通事故，而不立即采取紧急措施停车的，属于故意变动现场，又或者故意逃避责任，驾车驶离现场的，都应当承担肇事逃逸的法律后果。

2. 保护现场

车辆驾驶人应当立即采取措施保护道路交通事故的现场，如车辆制动印痕、散落物等痕迹物证等，以免受到过往车辆、人员和自然条件的破坏，影响案件的调查和处理。

3. 抢救伤者

抢救伤者应与保护现场同时进行，车辆驾驶人应当立即救护受伤人员。据有关资料统计，如果道路交通事故伤者在 30 分钟内能得到救护，70% 的伤者不会死亡。车辆驾驶人往往是最先发现伤者，也是最有条件采取措施抢救伤者的人。因此，当事人一定要尽快抢救伤者，不得无故拖延时间。对因抢救伤者需要变动现场人体、物品位置等，应充分利用现有条件，有效标明现场人体、物品等的原始位置和状态。

4. 报警

车辆驾驶人在停车、保护现场和抢救伤者的同时，还应当及时地将事故发生的时间、地点、人员伤亡和财产损失情况等报告交通警察或者公安机关交通管理部门，这样既可以使公安机关交通管理部门及交通警察及时了解情况，迅速到达现场开展调查和处理，并尽快恢复交通；也可以迅速组织人员开展救护，减少伤亡和财产损失。

《道路交通事故处理程序规定》第十三、十四条还规定，"发生死亡事故、伤人事故的，或者发生财产损失事故且有下列情形之一的，当事人应当保护现场并立即报警：（一）驾驶人无有效机动车驾驶证或者驾驶的机动车与驾驶证载明的准驾车型不符的；（二）驾驶人有饮酒、服用国家管制的精神药品或者麻醉药品嫌疑的；（三）驾驶人有从事校车业务或者旅客运输，严重超过额定乘员载客，或者严重超过规定时速行驶嫌疑的；（四）机动车无号牌或者使用伪造、变造的号牌的；（五）当事人不能自行移动车辆的；（六）一方当事人离开现场的；（七）有证据证明事故是由一方故意造成的。驾驶人必须在确保安全的原则下，立即组织车上人员疏散到路外安全地点，避免发生次生事故。驾驶人已因道路交通事故死亡或者受伤无法行动的，车上其他人员应当自行组织疏散。""发生财产损失事故且有下列情形之一，车辆可以移动的，当事人应当组织车上人员疏散到路外安全地点，在确保安全的原则下，采取现场拍照或者标划事故车辆现场位置等方式固定证据，将车辆移至不妨碍交通的地点后报警：（一）机动车无检验合格标志或者无保险标志的；（二）碰撞建筑物、公共设施或者其他设施的。"除此以外，《道路交通安全法实施条例》第八十八条规定，"机动车发生交通事故，造成道路、供电、通讯等设施损毁的，驾驶人应当报警等候处理，不得驶离。机动车可以移动的，应当将机动车移至不妨碍交通的地点。公安机关交通管理部门应当将事故有关情况通知有关部门。"

5. 协助

乘车人、过往车辆驾驶人、过往行人应当协助驾驶人员进行现场保护、救护伤者以及向公安机关交通管理部门及交通警察报告事故情况等。《道路交通安全法》第七十一条还规定，"车辆发生交通事故后逃逸的，事故现场目击人员和其他知情人员应当向公安机关交通管理部门或者交通警察举报。举报属实的，公安机关交通管理部门应当给予奖励。"

此外，《道路交通安全法》第七十条第三款规定，"在道路上发生交通事故，仅造成轻微财产损失，并且基本事实清楚的，当事人应当先撤离现场再进行协商处理。"《道路交通事故处理程序规定》第十九条第三款规定，"对应当自行撤离现场而未撤离的，交通警察应当责令当事人撤离现场；造成交通堵塞的，对驾驶人处以 200 元罚款。"

三、交通事故的现场处置与勘查

根据《道路交通安全法》《道路交通安全法实施条例》以及《道路交通事故处理程序规定》的有关规定，公安机关交通管理部门处理交通事故的职责主要有：组织抢救伤者、交通事故调查取证、交通事故责任认定、对交通事故当事人违法行为的处理和进行交通事故损害赔偿的调解等。

（一）交通事故接报警工作

根据《道路交通事故处理工作规范》第十条的规定，设区市、县级公安机关交通管理部门事故处理机构应当建立 24 小时值班备勤制度，并根据辖区

115

的道路交通事故情况，确定值班备勤人员数量，最低不得少于二人。

1. 交通事故接警

公安机关交通管理部门接到道路交通事故报警的，应当登记备查，受理报案的人员应当做好接警记录，根据《道路交通事故处理程序规定》，具体应记录以下内容：

（1）报警方式、报警时间、报警人姓名、联系方式，电话报警的，还应当记录报警电话；

（2）发生道路交通事故时间、地点；

（3）人员伤亡情况；

（4）车辆类型、车辆牌号，是否载有危险物品、危险物品的种类、是否发生泄漏等；

（5）涉嫌交通肇事逃逸的，还应当询问并记录肇事车辆的车型、颜色、特征及其逃逸方向、逃逸驾驶人的体貌特征等有关情况。

2. 交通事故处警

公安机关交通管理部门接报警后，受理人员应当按照处置权限，或者直接处理，或者立即请示本单位值班领导后进行处理：

（1）指派就近的执勤民警立即赶赴现场进行先期处置；

（2）需要适用一般程序处理的，通知事故处理岗位民警和相关单位救援人员、车辆赶赴现场，并调派足够警力赶赴现场协助救援和维持秩序；

（3）属于上报范围的，立即报告上一级公安机关交通管理部门，并通过本级公安机关报告当地人民政府；

（4）需要堵截、查缉交通肇事逃逸车辆的，通知相关路段执勤民警或者通报相邻的公安机关交通管理部门布控、协查；

（5）运载爆炸物品、易燃易爆化学物品以及毒害性、放射性、腐蚀性、传染病病原体等危险物品的车辆发生事故的，立即通过本级公安机关报告当地人民政府，通报有关部门及时赶赴事故现场；

（6）营运车辆发生人员死亡事故的，通知当地人民政府有关行政管理部门；

（7）造成道路、供电、通讯等设施损毁的，通报有关部门及时处理。

（8）涉及群死群伤道路交通事故、载运危险品车辆交通事故、恶劣天气条件下交通事故、自然灾害造成的交通事故和交通肇事逃逸案件等应急处置范围的，指挥中心应当立即报告公安机关交通管理部门负责人，并启动相应的应急处置机制。

公安机关交通管理部门的指挥中心或者值班室在进行道路交通事故警情处置时，应该制作处警记录。其具体内容包括：处警指令发出的时间；接受处警指令的人员姓名；处警指令的内容；通知联动单位的时间；向单位领导或上级部门报告的时间、方式；处警人员到达现场及现场处置结束后，向指挥中心报告的时间及内容。制作处警记录有利于提高道路交通事故警情处置工作的效率，有利于促进处置工作的规范化建设。

（二）交通事故现场处置

依据《道路交通安全法》第七十二条第一款的规定，"公安机关交通管理部门接到交通事故报警后，应当立即派交通警察赶赴现场，先组织抢救受伤人员，并采取措施，尽快恢复交通。"人的生命安全是第一位的，这就要求公安机关交通管理部门及交通警察到达交通事故现场后首先应立即组织抢救伤者，尽量减少人员伤亡。

同时，《道路交通事故处理程序规定》第十七条还规定，"接到道路交通事故报警后，需要派员到现场处置，或者接到出警指令的，公安机关交通管理部门应当立即派交通警察赶赴现场。"

此外，《道路交通事故处理程序规定》第三十条规定，交通警察到达事故现场后，应当立即进行下列工作：

1. 按照事故现场安全防护有关标准和规范的要求划定警戒区域，在安全距离位置放置发光或者反光锥筒和警告标志，确定专人负责现场交通指挥和疏导。因道路交通事故导致交通中断或者现场处置、勘查需要采取封闭道路等交通管制措施的，还应当视情在事故现场来车方向提前组织分流，放置绕行提示标志；

2. 组织抢救受伤人员；

3. 指挥救护、勘查等车辆停放在安全和便于抢救、勘查的位置，开启警灯，夜间还应当开启危险报警闪光灯和示廓灯；

4. 查找道路交通事故当事人和证人，控制肇事嫌疑人；

5. 其他需要立即开展的工作。

（三）交通事故现场勘查

《道路交通安全法》第七十二条第二、三款规定，"交通警察应当对交通事故现场进行勘验、检查，收集证据；因收集证据的需要，可以扣留事故车辆，但是应当妥善保管，以备核查。对当事人的生理、精神状况等专业性较强的检验，公安机关交通管理部门应当委托专门机构进行鉴定。鉴定结论应当由鉴定人签名。"

交通警察应当按照有关法律法规和技术标准，认真细致地勘查现场，绘制现场图，进行现场照相或摄像，收集、提取现场痕迹物证，寻找证人，控制肇事者，制作讯（询）问笔录，以及检验、鉴定交通事故当事人生理、精神状况、人体损失、尸体、车辆及其行驶速度、痕迹、物品、现场道路状况等，全面、及时、合法地开展交通事故的调查，收集有关证据。

具体地，《道路交通事故处理程序规定》第三十二条、第三十三条、第三十四条和第三十五条对此作了有关规定，"交通警察应当对事故现场开展下列调查工作：（一）勘查事故现场，查明事故车辆、当事人、道路及其空间关系和事故发生时的天气情况；（二）固定、提取或者保全现场证据材料；（三）询问当事人、证人并制作询问笔录；现场不具备制作询问笔录条件的，可以通过录音、录像记录询问过程；（四）其他调查工作。""交通警察勘查道路交通事故现场，应当按照有关法规和标准的规定，拍摄现场照片，绘制现场图，及时提取、采集与案件有关的痕迹、物证等，制作现场勘查笔录。现场勘查过程中发现当事人涉嫌利用交通工具实施其他犯罪的，应当妥善保护犯罪现场和证据，控制犯罪嫌疑人，并立即报告公安机关主管部门。发生一次死亡三人以上事故的，应当进行现场摄像，必要时可以聘请具有专门知识的人参加现场勘验、检查。现场图、现场勘查笔录应当由参加勘查的交通警察、当事人和见证人签名。当事人、见证人拒绝签名或者无法签名以及无见证人的，应当记录在案。""痕迹、物证等证据可能因时间、地点、气象等原因导致改变、毁损、灭失的，交通警察应当及时固定、提取或者保全。对涉嫌饮酒或者服用国家管制的精神药品、麻醉药品驾驶车辆的人员，公安机关交通管理部门应当按照《道路交通安全违法行为处理程序规定》及时抽血或者提取尿样等检材，送交有检验鉴定资质的机构进行检验。车辆驾驶人员当场死亡的，应当及时抽血检验。不具备抽血条件的，应当由医疗机构或者鉴定机构出具证明。""交通警察应当核查当事人的身份证件、机动车驾驶证、机动车行驶证、检验合格标志、保险标志等。对交通肇事嫌疑人可以依法传唤。对在现场发现的交通肇事嫌疑人，经出示《人民警察证》，可以口头传唤，并在询问笔录中注明嫌疑人到案经过、到案时间和离开时间。"

1. 现场勘查的基本步骤

（1）通过对地面痕迹的勘查确定车辆的行驶轨迹

无论是车辆还是行人都会在路面上留下痕迹，这些痕迹就是交通事故当事各方参与交通活动，以及在交通事故发生过程中其运行轨迹的真实反映。

（2）通过对车体痕迹等的勘查确定车辆碰撞的过程

通过对车体痕迹的勘验，可以进一步确认事故车辆接触的部位、方式、角度、力量、方向等。结合地面痕迹的勘验结果，可以更加准确地确认交通事故发生的过程。

（3）通过分析接触点所在的位置确定事故发生的过程。

2. 现场勘查的基本方法

（1）沿着车辆行驶路线勘查。

（2）从中心（接触点）向外围勘查。

（3）从外围向中心勘查。

（4）分片分段勘查。

3. 现场图的定位

（1）确定基准点

道路交通事故现场的基准点，必须是现场上原有的，要相对固定、不易移动和消失，以便在较长时间内能作为恢复现场的基准标志。如里程碑、电杆、交通标志、建筑物的某一个拐角等。

（2）现场图定位常用方法

①直角坐标定位法

直角坐标法也叫平面坐标法，是借助平面直角坐标系，来确定平面内任意一点位置的方法。建立平面直角坐标系，以基准点为原点 O，沿道路方向为 X 轴，垂直道路方向为 Y 轴，建立平面直角坐标系。依次测量基准点到所有待测点的沿 X 轴和 Y 轴方向的距离，作为其 X、Y 方向的坐标。

②三角坐标定位法

使用三角坐标定位法进行现场图定位时，首先要选定基准点，由此点向道路中心线作垂线，取垂足为第二参考点，分别从基准点和第二参考点向待测点作直线并测量直线的长度，将待测点定位。

③极坐标定位法

极坐标定位法，是借助平面极坐标系来确定平面上任意一点位置的方法。首先，选取某固定物为极点，然后选取另一固定物为基准点并与极点连接，以此连接线作为极轴，测量待测点到极点的距离以及待测点与极点连接线与极轴的夹角。

④综合定位法

综合定位法是直角坐标定位法、三角坐标定位法集合体，使用这种方法绘制现场图时，首先，要选取基准点和基准线，然后从基准点向待测点作直线，再从待测点向基准线作垂线，测量所作直线和垂线的长度，即可定位该点。当对某一待测点精确定位之后，可以用该点代替原基准点测量其附近的其他待测点。

4. 现场图的绘制要素

现场图应反映现场地形、现场交通元素所在的位置、现场事故元素所在的位置，并通过必要的数据反映各元素之间的关系。以满足事故分析所需的一切现场资料、数据，并且可以根据该图复制现场比例图。

（1）现场地形

现场地形应包括路面、路肩、边沟、路树、电杆、交通标志、标线、标示、道路分隔带、信号灯、岗台、护栏、建筑物、桥梁、隧道、涵洞、纵坡、横坡、视距障碍物等。

（2）现场元素

现场元素包括车辆、人、畜、痕迹、物证。现场图要反映这些现场元素的位置、相互间的关系、痕迹的走向、形状、长度、面积等。

（3）辅助元素

基准点和基准线。

（4）现场数据注记

5. 现场图的绘制步骤与方法

现场绘图人员应初步了解现场情况，对现场道路定向，并根据事故现场的走向选定适当的绘图纸。开始绘制现场图时，首先应在图上绘制出道路边线、路肩、边沟、路树，车道分道情况、交通标志、视距障碍物等现场地形信息。其次，在现场测量的基础上，绘制出车辆、人体、牲畜、痕迹、散落物等事故现场的主要元素。在绘制现场各种事故元素时，应使用《道路交通事故现场图形符号》（GB/T 11797—2005）中规定的标准图形符号。

6. 现场比例图的绘制

现场比例图是以现场图、现场勘查笔录上所记载的数据为基础，用手工或电脑绘图仪描绘的，以一定比例如实地反映现场诸元素的形态和尺寸的现场图。这里所说的比例，是指现场比例图中各元素及相互关系的线性尺寸与现场中实际的相应尺寸之比。现场比例图作为证据是对现场记录图的补充和说明。随着自动绘图系统的广泛使用，现场比例图的绘制难度越来越低，甚至在道路交通事故现场可以直接打印出现场比例图，而无需绘制现场记录图。

（1）选择图幅规格

根据现场实际情况以及事故分析等的需要，首先确定使用多大的图幅。图幅规格依照标准分为 A 型与 B 型两种。

（2）确定中心部位

现场中心，一般是接触点或当时某一方所在的位置。绘图时要把现场中心置于相应图形的中心部位。

（3）构思图面结构

根据现场情况和选定的图形、图式，精心安排图形布局，以便其结构合理、美观大方。

（4）确定绘图比例

根据现场的面积和选定的图形、图式、图面布局、图纸或确定的比例图整个图形的大小，恰当确定绘图的比例。为省去计算麻烦，可用三棱比例尺。

（5）铅笔绘制草稿

上述事项就绪之后，先用铅笔打稿，将预拟的图形、图式及各种现场元素准确无误的绘制下来，形成初稿。

（6）定稿描图

铅笔稿绘成之后，要与现场记录图、现场勘查笔录等进行校对，无误后即可用黑笔描图。描绘的顺序是：先上后下，先左后右，以免弄脏图纸；先曲线后直线，以便连接；先细线后粗线，以免影响绘图进度。

（7）标注说明

图描好后，要加上一定的标注和说明。如方向标、图例说明、比例、绘图人、绘图日期等。

7. 现场照相

（1）方位照相

方位照相是以整个现场和现场周围环境为拍摄对象，反映交通事故现场所处的位置及其与周围事物的关系的专门照相。视角应覆盖整个现场范围；一张照片无法涵盖的，可以使用回转连续拍摄法或者直线连续拍摄法拍摄。

（2）概览照相

概览照相以整个现场或现场中心地段为拍摄内容，反映现场的全貌以及现场有关车辆、尸体、物品、痕迹的位置及相互间的关系的专门照相。概览照相以现场中心物体为基点，沿现场道路走向的相对两方位或者多向位分别拍摄。各向位拍摄的概览照相，其成像中各物体间的相对位置应当基本一致，上一个视角的结束部分与下一个视角的开始部分应有联系。

（3）中心照相

中心照相是在较近距离拍摄交通事故现场中心、重点局部、痕迹的位置及其与有关物体之间的联系的专门照相。中心照相也可以称为现场重点部位照相，主要反映事故现场内车辆、尸体、接触点、制动印迹、有关物体的具体形态以及它们之间的相互关系，是现场勘验照相的重点。中心照相的取景范围要小于概览摄影，其拍摄的侧重点在于反映事故现场内部的某一个具体部位，反映的是交通事故现场中的某一个具体特征。

（4）细目照相

细目照相是采用近距或微距拍摄交通事故现场路面、车辆、人体上的痕迹及有关物体特征的专门照相。

8. 现场痕迹物证的提取

交通事故痕迹物证勘验的基本原则是及时、客观、全面。办案人员接到事故报案以后，应尽快赶赴现场，及时进行现场勘查工作，以便于获得确实、充分的物证，查明事故事实。如果在案发后不能及时赶赴现场，现场将难以得到有效保护，事故物证容易遭受到过往车辆的辗压、围观人员的触摸、踩踏，以及阳光、风、雨、雪等自然因素的影响而发生变化和灭失。在物证勘查工作中涉及的主要法规和标准有：《道路交通事故处理程序规定》《道路交通事故处理工作规范》《道路交通事故痕迹物证勘验》（GA41 - 2014）、《道路交通事故勘验照相》（GA50 - 2014）、《道路交通事故现场图绘制》（GA49 - 2014）、《道路交通事故现场图形符号》（GB/T 11797 - 2005）、《道路交通事故尸体检验》（GA268 - 2009）等。另外，《刑事诉讼法》《民事诉讼法》和《行政诉讼法》中对物证勘查的有关规定在道路交通事故物证勘查中也必须遵照执行。

（1）交通事故痕迹物证的种类

①肇事车辆

肇事车辆作为道路交通事故的物证之一，这里所说的肇事车辆包括道路交通事故当事的各方车辆。这其中既包括车体上留有痕迹物证的车辆，也包括在地面上留下痕迹物证的车辆，以及在道路交通事故现场占有一定位置的车辆。

②附着物

附着物是指在道路交通事故中形成，沾附在事故车辆、人体、路面及其他物体表面能证明道路交通事故真实情况的物质。如油漆、油脂、塑料、橡胶、毛发、纤维、血迹、人体组织、木屑、植物枝叶及尘土等微量附着物质。

③散落物

散落物是指遗留在道路交通事故现场，能够证明道路交通事故真实情况的物品或物质。如：损坏脱离的车辆零部件、玻璃碎片、油漆碎片、橡胶碎片、车辆装载物、结构性土沙碎块、人体抛落在地面上的穿戴物品和携带物品、人体被分离的器官组织，从其他物体上掉落在地面上的树皮、断枝、水泥及石头碎块等。

④痕迹

道路交通事故痕迹是指在道路交通事故发生的过程中，车辆与其他车辆或物体相接触和相互作用时，在彼此之间的作用面上形成的印迹。

（2）轮胎痕迹的发现与提取

一般情况下用肉眼就可以直接观察到各种轮胎痕迹。但是，在光滑的水泥地面和潮湿的沥青地面上，观察时应考虑光线的强弱、方向等因素。观察者可以采用侧光、低角度进行观察，夜间应打侧光观察。在原始现场或痕迹形态简单、数量少的情况下，道路交通事故轮胎的痕迹比较容易确认。当遇到变动现场、逃逸现场或者现场痕迹形态复杂、数量多而且交织在一起的情况时，道路交通事故轮胎的痕迹则不易辨认。这时就要根据车辆行驶的方向、路线、车种类型以及碰撞时受力等情况进行综合分析。

（3）车体痕迹的发现与确认

车体痕迹大多是在现场勘查和对车体进行检查的过程中发现的，一般情况下通过肉眼观察的方法，基本上可以发现车体痕迹。但是，对车内的痕迹有时则需要结合车辆运动的状态分析，才能发现人体碰撞车体所形成的痕迹。另外，还可以通过普通光源不同角度照射、特殊光源、荧光显现、试剂显现等方法，发现肉眼直接观察不容易发现的痕迹。

（4）油漆物证的发现与提取

油漆漆膜的破损、转移是由于外作用力造成的，所以油漆物证残留在外力的作用部位上，一般在受力相对较大的划痕切入点、客体凸起部位、轮廓边缘等部位易存在油漆残留物，这些部位应作为重点进行观察。勘验时应有充足的光线，注意油漆的颜色会因量的多少或光源情况产生变化，必要时可以借用放大镜或显微镜进行观察。常用的油漆物证提取法有直接提取法、刮取法、溶剂提取法等，现场脱落的和客体残留的油漆，如果量很大，可用直接提取法；如果油漆物证残留量较小，则多使用刮取法或粘取法；如果油漆物证附着在较小的客体上，提取又困难时，可连同承载油漆物证的客体一起送检，例如衣服上、树皮上等客体上的油漆附着物。若直接送检有困难，可根据不同情况拆卸、剪取、截取或挖取附着油漆客体的有关部件送检。

（5）玻璃碎片的发现与提取

在道路交通事故现场，当玻璃碎片较大或较多时，很容易发现和识别有机玻璃（塑料的一种，比普通玻璃轻，透明度大，不易破碎，遇热变软）或无机玻璃。当玻璃碎片很小时，易与某些物质混淆，不易发现和判断。由于玻璃的比重大于水，可用水分层法区分。另外，通过碎片的新旧程度、污染程度及车辆上的玻璃有无损坏可以判断碎片是否与该起道路交通事故有关留下。

（6）塑料物证的发现与提取

散落在事故现场的塑料物证较易发现，而沾附在车体上的塑料物证则相对较难找到。寻找时应注意避免强光或直射光线干扰视线，避免各种色光的干扰，避免与灰尘、泥土发生混淆，可使用放大镜协助观察。对于块状的塑料物证，较易收集和提取。事故现场较大片的塑料片如能拼合起来的，应尽可能拼合并拍照；对散落在路面上的塑料片，可用镊子夹取，装入透明塑料袋内、纸袋或纸盒中，细小的塑料颗粒可装入玻璃瓶内。除提取现场散落的塑料片外，还应提取它们原来脱落部位的比对样本。

（7）纤维物证的发现和提取

纤维物证沾附在肇事车辆的接触部位，与被撞人体纤维的脱落部位具有方位的对应关系。另外，驾驶人的衣物上往往也会黏附车内物品上的纤维物质。由于纤维物证较小，在寻找时可以使用放大镜。光线较弱时，还可以使用强光源辅助照明。由于纤维物证具有迁徙性，应尽快提取。在提取纤维物证时，应用干净的镊子夹取。在提取前，最好拍摄下它们的原始附着部位和附着状态。

（8）橡胶颗粒的提取

对于散落在现场的橡胶残片，在确认为与事故有关时，可以直接拾取，装入纸袋、纸盒或用纸包好，并做好标记和记录。车辆的制动痕迹处多留有橡胶残留物，可用硬性胶纸提取法加以提取。

第二部分　实训方案

一、实训目的与要求

（一）要求学员熟悉交通事故接报警工作的内容，掌握交通事故接报案登记的基本方法，报案登记内容要符合交通事故报案、立案的要求，填写规范；及时、合理调配警力迅速赶赴现场。

（二）要求学员掌握交通事故现场处置的基本方法，能够根据交通事故现场的具体情况，有序开展组织现场抢险、救护伤者、现场保护、现场清理等工作。

（三）要求学员熟悉和掌握交通事故痕迹物证实地勘查、现场调查访问等工作的主要内容及方法，收集现场的各类痕迹、物证，为做好后期的交通事故认定工作提供必要的证据。

二、实训内容

（一）训练交通事故接处警工作。

（二）训练交通事故现场处置工作。

（三）训练交通事故现场勘查工作。

三、实训条件

（一）实训环境

在模拟街区布置交通事故现场。

（二）实训设备与器材

配备相应的实验设备和工具。如警用对讲机、交通事故勘查箱、照相机、摄像机、警用反光背心、反光锥筒、橡胶人、警车、肇事车辆、自行车等。

四、实训组织

根据交通事故现场处置与勘查的实训任务，综合师资、实训条件及环境等情况考虑，本次交通事故现场处置与勘查的具体内容、时间、地点、步骤等设置如下：

（一）前期准备

1. 学员

要求学员在学习交通事故现场处置与勘查专业知识的基础上，明确本次实训课的授课内容、目的、重点、步骤、方法、时间的安排及要求。授课对象以 8～10 人为一组开展实训。

2. 实训教学团队

由院校教师和基层交通管理部门聘请的实战教官组成实训教学团队，负责实训的指导和考核等工作。

（二）实训步骤

1. 交通事故接处警

交通事故报警电话称，在某路口发生一起机动车与自行车碰撞的事故，现场有 1 辆肇事小汽车，1 辆自行车，有 1 个人躺在马路边上。值班交警详细询问事故发生的地点、时间、事故形态、事故现场人员伤害情况，车辆损失等情况，同时要做好报案记录，报案记录应满足有关交通事故报案、立案的要求。报案记录应记清报案时间，报案人的自然情况，消息来源，报案方式，报案内容，联系方式等。报案内容应写明事故发生时间、地点、形态、损害后果、肇事车辆等。并按规定填写受理交通事故案件登记表。值班员在做好报案记录后，向指挥中心现场指挥员汇报情况。现场指挥员根据案情，按照《交通事故处理工作规范》的规定命令事故发生地所属交警部门在 5 分钟内派出事故处理警察赶赴交通事故现场，进行有关的现场先期处置工作。

2. 交通事故现场处置

事故发生地所属交通警察大队接到命令后，立即派出事故处理警察配备必要警用装备，携带交通事故现场勘查器材，驾驶现场勘查车赶赴现场。交警到达现场后，将现场勘查车、指挥车等车辆依次停放在警戒线内来车方向的道路右侧，开启警灯。交警立即展开现场保护工作，根据现场情况，划定警戒区、设置警戒带，路口处的事故现场应在其四周均放置反光锥筒。对影响到通行的进口道也应设置警示标志。有条件的应当控制路口信号灯实现部分进口道的禁行。巡逻交警在外围负责维持现场周边的交通秩序，疏导车辆与行人。

3. 交通事故现场勘查

现场处置工作完成后，事故处理交警立即展开现场的勘查工作。由现场勘查指挥员（由学员小组长担任）进行具体的分工：交警负责现场询问当事人、目击证人，制作现场询问笔录等；交警按照《道路交通事故勘验照相》等标准，拍摄交通事故照片，按照《道路交通事故现场图绘制》《道路交通事故图形符号》等标准，绘制交通事故现场图。交通事故现场图制作完毕后，由参加勘查的交通警察、当事人或者见证人签名确认，当事人拒绝签名或者无见证人的，应当在交通事故现场图上载明。勘查人员要按照《道路交通事故痕迹物证勘验》等标准，采集、提取痕迹、物证，当场制作交通事故现场勘查笔录。交通事故现场勘查结束后，现场勘查指挥人员应当对现场图、现场勘查记录进行审核，发现错误及时更正；确认符合规定无误后签字。经现场指挥员审核后，应及时清除交通事故现场，恢复交通，并做好交通事故现场肇事车辆、散落物品、尸体的善后处理。

五、实训考核及评分标准

（一）实训考核的基本原则

以小组为单位进行的实训，小组成员个人成绩以小组合作的最终成果评价为基准，根据个人在完成小组任务中的作用大小，上下浮动分数；考核评价采用百分制，实训的各个组成部分分别计分。

（二）实训考核方法

指导教师（主训教官）对考核情况进行考核打分，其中训练表现20%，现场处置情况30%，现场勘查情况50%。综合成绩按照以上权重比例进行折算得出。

参考文献：

[1] 公安部道路交通安全研究中心编. 交通警察道路执勤执法指导手册[M]. 人民交通出版社，2015.

［2］金治富主编．交通管理综合实训指导书［M］．中国人民公安大学出版社，2013.

［3］刘建军、张新海主编．道路交通安全法学［M］．中国人民公安大学出版社，2015.

［4］路峰、汤三红主编．道路交通管理学［M］．中国人民公安大学出版社，2014.

［5］杜心全、李英娟主编．道路交通事故处理［M］．中国人民公安大学出版社，2014.

［6］牛学军．道路交通事故现场勘查［M］．中国人民公安大学出版社，2012.

［7］郝宏奎．犯罪现场勘查［M］．中国人民公安大学出版社，2006.

［8］马社强．交通事故处理教程［M］．中国人民公安大学出版社，2005.

［9］邓水泉．道路交通肇事逃逸案件勘查与侦破［M］．中国人民公安大学出版社，2003.

［10］刘建军．交通事故物证鉴定技术［M］．中国人民公安大学出版社，2001.

［11］周武．交通事故勘验照相［M］．警官教育出版社，1995.

［12］段里仁．道路交通事故概论［M］．中国人民公安大学出版社，2003.

［13］〔日〕山崎俊一．交通事故分析基础与应用［M］．北京大学出版社，2012.

实训项目九 交通事故责任认定与损害赔偿调解

问题引导：

交通事故责任认定的基本规则；如何正确认定交通事故责任；交通事故损害赔偿如何计算；交通事故损害赔偿调解的基本原则、程序与方法

第一部分 业务详解

一、交通事故责任认定

交通事故责任认定，是指公安机关交通管理部门根据现场勘查、调查取证、检验鉴定所查明的事实，依据有关道路交通安全法律法规，对交通事故事实、形成原因、当事人有无过错和过错大小所作的结论。《道路交通安全法》第七十三条对此也作了规定："公安机关交通管理部门应当根据交通事故现场勘验、检查、调查情况和有关的检验、鉴定结论，及时制作交通事故认定书，作为处理交通事故的证据。交通事故认定书应当载明交通事故的基本事实、成因和当事人的责任，并送达当事人。"

《道路交通事故处理程序规定》第五十九条规定，"道路交通事故认定应当做到事实清楚、证据确实充分、适用法律正确、责任划分公正、程序合法。"交通事故责任认定是道路交通事故处理的重要环节，对于客观公正地分清各方当事人的事故责任，惩罚肇事者，教育其他交通参与者，研究道路交通事故发生的原因和规律，预防和减少交通事故的发生，保护当事人的合法权益以及道路交通的安全等起着重要的作用。

公安机关交通管理部门在交通事故处理的过程中，依据有关道路交通安

全法律法规，在查明当事人违法事实的基础上，对交通事故当事人的违法行为实施处罚。道路交通事故的处罚分为二种，一是行政处罚，二是刑事处罚。行政处罚的种类包括警告、罚款、拘留、暂扣或吊销机动车驾驶证，其中，对需要吊销当事人机动车驾驶证的，由设区的市公安机关交通管理部门作出处罚决定；对当事人需要处以行政拘留处罚的，由县、市公安局、公安分局或者相当于县一级的公安机关作出处罚决定。《道路交通事故处理程序规定》第八十一条规定，"公安机关交通管理部门应当按照《道路交通安全违法行为处理程序规定》，对当事人的道路交通安全违法行为依法作出处罚。"因此，对于交通事故当事人违法行为的行政处罚，应当在对当事人责任认定完毕、损害赔偿调解之后进行。当然，对于构成犯罪的，需依据《刑法》第一百三十三条的有关规定予以刑事处罚。同时，依据《道路交通事故处理程序规定》第八十二条的规定，"对发生道路交通事故构成犯罪，依法应当吊销驾驶人机动车驾驶证的，应当在人民法院作出有罪判决后，由设区的市公安机关交通管理部门依法吊销机动车驾驶证。同时具有逃逸情形的，公安机关交通管理部门应当同时依法作出终生不得重新取得机动车驾驶证的决定。"

（一）交通事故当事人责任的分类

在认定道路交通事故责任时，不仅要对当事人是否负道路交通事故责任进行定性分析，还要对当事人所负交通事故责任的大小进行定量分析。依据《道路交通事故处理程序规定》第六十条的有关规定，道路交通事故当事人责任分为全部责任、主要责任、同等责任、次要责任和无责任。

1. 因一方当事人的过错导致道路交通事故的，承担全部责任

即道路交通事故的发生完全是由一方当事人的过错造成的，另一方当事人没有过错，或者虽有过错但和道路交通事故的发生没有因果关系，则应当由存在过错、导致道路交通事故发生的一方当事人承担该起事故的全部责任，另一方当事人无责任。此外，《道路交通安全法实施条例》第九十二条规定，"发生交通事故后当事人逃逸的，逃逸的当事人承担全部责任。但是，有证据证明对方当事人也有过错的，可以减轻责任。当事人故意破坏、伪造现场、毁灭证据的，承担全部责任。"

2. 因两方或者两方以上当事人的过错发生道路交通事故的，根据其行为

对事故发生的作用以及过错的严重程度，分别承担主要责任、同等责任和次要责任

在道路交通事故中，各方当事人可能都存在过错，而且所存在的过错与交通事故的发生都有因果关系，但程度有所区别，情节有轻重之分，其中，存在过错较大，对道路交通事故的发生起主要作用的一方当事人承担该起事故的主要责任，另一方当事人负该起事故的次要责任；如果过错大小以及对交通事故所起的作用大致相当，无法分清主次，则由各方当事人负该起事故的同等责任。

3. 各方均无导致道路交通事故的过错，属于交通意外事故的，各方均无责任；一方当事人故意造成道路交通事故的，他方无责任。

（二）确定道路交通事故当事人责任的依据

根据《道路交通事故处理程序规定》第六十条第一款的有关规定，"公安机关交通管理部门应当根据当事人的行为对发生道路交通事故所起的作用以及过错的严重程度，确定当事人的责任。"

在追究当事人的事故责任时，必须弄清楚道路交通事故发生的直接原因，即当事人违法的事实及其发生交通事故的因果关系。因果关系体现了交通事故当事人的违法行为与交通事故发生之间的因果联系，其中当事人的违法行为是交通事故发生的原因，交通事故的发生就是当事人实施违法行为的结果。在交通事故因果关系的认定中，因果关系的表现形式是多种多样的，从相互之间的关系来看，有独立的因果关系和竞合的因果关系；从与后果的联系来看，有一因一果和多因多果的因果关系。因果关系的分析不仅能够确定当事人有无交通事故责任，还能够确定当事人责任的大小。如与事故的发生没有因果关系的交通违法行为，就不是造成交通事故发生的原因，因此，有关当事人就不承担交通事故的责任；各方当事人在形成交通事故直接原因中所起的作用与过错程度相当，则负交通事故的同等责任；作用程度有所区分，则分别负交通事故的主次责任。因此，公安机关交通管理部门需要对道路交通事故的因果关系进行客观分析，以求正确地认定道路交通事故各方当事人的责任。

（三）交通事故认定书

《道路交通安全法》第七十三条规定，"公安机关交通管理部门应当根据交通事故现场勘验、检查、调查情况和有关的检验、鉴定结论，及时制作交通事故认定书，作为处理交通事故的证据。交通事故认定书应当载明交通事故的基本事实、成因和当事人的责任，并送达当事人。"

1. 交通事故认定书的性质

交通事故认定书是公安机关交通管理部门对交通事故案件进行勘查、调查后所出具的专业性较强的科学结论，它只是证明当事人发生交通事故的事实本身，不是对交通事故案件的处理决定，其性质是证据。证据必须查证属实，并由人民法院依法决定是否采信。同时，公安机关交通管理部门对交通事故的认定只是依据自身的专业知识所作的科学结论，而不是一种具体的行政行为。全国人民代表大会法制工作委员会在《关于交通事故责任认定行为是否属于具体行政行为，可否纳入行政诉讼受案范围的意见》（法工办复字〔2005〕1号）中指出，"根据道路交通安全法第七十三条的规定，公安机关交通管理部门制作的交通事故认定书，作为处理交通事故案件的证据使用。因此，交通事故责任认定行为不属于具体行政行为，不能向人民法院提起行政诉讼。如果当事人对交通事故认定书牵连的民事赔偿不服的，可向人民法院提起民事诉讼。"

2. 交通事故认定书的内容

交通事故认定书的内容包括交通事故的基本情况和基本事实、交通事故证据以及形成的原因、当事人的过错及责任等。根据《道路交通事故处理程序规定》第六十四条的规定，道路交通事故认定书应当载明以下内容：

（1）道路交通事故当事人、车辆、道路和交通环境等基本情况；

（2）道路交通事故发生经过；

（3）道路交通事故证据及事故形成原因的分析；

（4）当事人导致道路交通事故的过错及责任或者意外原因；

（5）作出道路交通事故认定的公安机关交通管理部门名称和日期。

（四）道路交通事故案卷

交通事故案卷能够客观、真实地反映出一起交通事故的全貌和处理过程。

适用一般程序处理的交通事故案卷文书一般由受理案件、现场勘查材料、案件调查材料、检验、鉴定材料、审批文书材料、交通事故认定书、行政处罚文书、损害赔偿调解材料、其他行政法律文书等几方面的材料组成。

1. 适用一般程序处理交通事故文书的正卷通常包括下列内容：

（1）案卷封面；

（2）案卷目录；

（3）受理交通事故案件登记表；

（4）移送案件通知书；

（5）交通事故立案登记表；

（6）交通事故现场勘查笔录；

（7）交通事故现场图；

（8）交通事故照片；

（9）公安交通管理行政强制措施凭证；

（10）传唤证；

（11）当事人身份证明、驾驶证、行驶证复印件等其他材料；

（12）视听材料目录；

（13）讯问笔录；

（14）询问笔录；

（15）谈话记录；

（16）交通事故当事人陈述材料；

（17）人体损伤程度鉴定书；

（18）交通事故受伤人员伤残评定书；

（19）交通事故尸体检验报告、鉴定书；

（20）未知名尸体信息登记表；

（21）死亡证明；

（22）交通事故车辆技术检验报告、鉴定书；

（23）其他检验、评估报告、鉴定书；

（24）交通事故认定书；

（25）公安行政处罚告知笔录；

（26）听证文书；

（27）公安行政处罚决定书、公安交通管理行政处罚决定书、公安交通管理撤销决定书、公安交通管理转递通知书；

（28）行政复议文书；

（29）暂缓执行行政拘留通知书、执行通知书（回执）；

（30）委托书；

（31）交通事故损害赔偿调解申请书、交通事故损害赔偿调解书、交通事故损害赔偿调解终结书、交通事故调解记录；

（32）尸体处理通知书；

（33）交通事故抢救费支付（垫付）通知书；

（34）交通事故处理通知书（包括不立案、不受理、不调解等）；

（35）送达回执；

（36）其他行政法律文书。

以上的各项内容并不是每一个案卷都必须具备，而是根据交通事故的具体情况、事故等级、处理程序等有所不同。

办理涉嫌交通肇事罪的案卷的正卷包括以下内容：

（1）接受刑事案件登记表、立案决定书、移送案件通知书（回执）；

（2）传唤通知书（副本）；

（3）拘传证；

（4）取保候审决定书（副本）、取保候审保证书、收取保证金通知书（回执）、对保证人罚款决定书（副本）、退还保证金决定书（副本）、没收保证金决定书（副本、回执）、解除取保候审决定书（副本）、不予取保候审通知书（副本）；

（5）监视居住决定书（副本）、解除监视居住决定书（副本）；

（6）拘留证、拘留通知书（副本）、延长拘留期限通知书（副本）；

（7）提请批准逮捕书、批准逮捕决定书、不批准逮捕决定书、逮捕证、逮捕通知书（副本）；

（8）变更强制措施通知书（副本）；

（9）提请批准延长侦查羁押期限意见书（副本）、批准延长侦查羁押期限决定书、延长侦查羁押期限通知书（副本）、重新计算侦查羁押期限通知书；

（10）释放通知书、释放证明书（副本）；

（11）安排律师会见非涉密案件在押犯罪嫌疑人通知书；

（12）其他刑事法律文书；

（13）案件需要的其他文书与适用一般程序处理交通事故文书的正卷内容相同。

2. 适用一般程序处理交通事故文书的副卷内容如下：

（1）审批表；

（2）报告书；

（3）呈请（回避、拘留、提请批准逮捕、变更强制措施、侦查终结、起诉、撤销案件）报告书；

（4）交通事故处理工作记录；

（5）交通事故逃逸案件协查通报、公告或者撤销通知；

（6）与损害赔偿调解有关的材料（如被抚养关系证明、户口证明等）；

（7）交通事故遗留物品清单；

（8）司法机关调卷公函；

（9）消除安全隐患通知书；

（10）涉嫌酒后驾车驾驶人血样提取登记表；

（11）认尸启事；

（12）其他与交通事故处理有关的文书材料；

（13）交通事故案卷材料粘贴纸。

二、交通事故损害赔偿的调解

道路交通事故的损害赔偿是指交通事故民事责任主体，由于发生了交通事故，侵害公共财产或他人的财产及人身，而依法向被侵害人承担的民事赔偿责任。根据《道路交通安全法》第七十四条的规定，"对交通事故损害赔偿的争议，当事人可以请求公安机关交通管理部门调解，也可以直接向人民法院提起民事诉讼。经公安机关交通管理部门调解，当事人未达成协议或者调解书生效后不履行的，当事人可以向人民法院提起民事诉讼。"在交通事故各方当事人的共同请求下，公安机关交通管理部门可以就交通事故的损害赔偿进行调解工作。当然，如果虽经公安机关交通管理部门的调解，当事人仍未达成协议或者调解书生效后不履行的，当事人可以向人民法院提起民事诉讼。

（一）交通事故损害赔偿的范围和标准

依据《道路交通安全法》《民法通则》《侵权责任法》《最高人民法院关于审理人身损害赔偿案件适用法律若干问题的解释》《最高人民法院关于确定民事侵权精神损害赔偿责任若干问题的解释》和《最高人民法院关于审理道路交通事故损害赔偿案件适用法律若干问题的解释》等的规定，交通事故损害赔偿的范围和计算方法如下：

1. 人身损害赔偿

依据《最高人民法院关于审理道路交通事故损害赔偿案件适用法律若干问题的解释》第十四条第一款的规定，"道路交通安全法第七十六条规定的'人身伤亡'，是指机动车发生交通事故侵害被侵权人的生命权、健康权等人身权益所造成的损害，包括侵权责任法第十六条和第二十二条规定的各项损害。"《侵权责任法》第十六条规定，"侵害他人造成人身损害的，应当赔偿医疗费、护理费、交通费等为治疗和康复支出的合理费用，以及因误工减少的收入。造成残疾的，还应当赔偿残疾生活辅助具费和残疾赔偿金。造成死亡的，还应当赔偿丧葬费和死亡赔偿金。"此外，《最高人民法院关于审理人身损害赔偿案件适用法律若干问题的解释》第十七条还规定，"受害人遭受人身损害，因就医治疗支出的各项费用以及因误工减少的收入，包括医疗费、误工费、护理费、交通费、住宿费、住院伙食补助费、必要的营养费，赔偿义务人应当予以赔偿。受害人因伤致残的，其因增加生活上需要所支出的必要费用以及因丧失劳动能力导致的收入损失，包括残疾赔偿金、残疾辅助器具费、被扶养人生活费，以及因康复护理、继续治疗实际发生的必要的康复费、护理费、后续治疗费，赔偿义务人也应当予以赔偿。受害人死亡的，赔偿义务人除应当根据抢救治疗情况赔偿本条第一款规定的相关费用外，还应当赔偿丧葬费、被扶养人生活费、死亡补偿费以及受害人亲属办理丧葬事宜支出的交通费、住宿费和误工损失等其他合理费用。"

2. 财产损害赔偿

《民法通则》第一百一十七条规定，"侵占国家的、集体的财产或者他人财产的，应当返还财产，不能返还财产的，应当折价赔偿。损坏国家的、集体的财产或者他人财产的，应当恢复原状或者折价赔偿。受害人因此遭受其他重大损失的，侵害人并应当赔偿损失。"《民法总则》第一百二十条规定："民事权益受到侵害的，被侵权人有权请求侵权人承担侵权责任。"《最高人民法院关于审理道路交通事故损害赔偿案件适用法律若干问题的解释》第十四条第二款也规定，"道路交通安全法第七十六条规定的'财产损失'，是指因机动车发生交通事故侵害被侵权人的财产权益所造成的损失。"《侵权责任法》第十九条、第二十条则分别规定，"侵害他人财产的，财产损失按照损失发生时的市场价格或者其他方式计算。""侵害他人人身权益造成财产损失的，按照被侵权人因此受到的损失赔偿；被侵权人的损失难以确定，侵权人因此获得利益的，按照其获得的利益赔偿；侵权人因此获得的利益难以确定，被侵权人和侵权人就赔偿数额协商不一致，向人民法院提起诉讼的，由人民法院根据实际情况确定赔偿数额。"

3. 精神损害赔偿

《侵权责任法》第二十二条规定，"侵害他人人身权益，造成他人严重精神损害的，被侵权人可以请求精神损害赔偿。"《最高人民法院关于审理人身损害赔偿案件适用法律若干问题的解释》第十八条第一款规定，"受害人或者死者近亲属遭受精神损害，赔偿权利人向人民法院请求赔偿精神损害抚慰金的，适用《最高人民法院关于确定民事侵权精神损害赔偿责任若干问题的解释》予以确定。"《最高人民法院关于确定民事侵权精神损害赔偿责任若干问题的解释》第八条规定，"因侵权致人精神损害，但未造成严重后果，受害人请求赔偿精神损害的，一般不予支持，人民法院可以根据情形判令侵权人停止侵害、恢复名誉、消除影响、赔礼道歉。因侵权致人精神损害，造成严重后果的，人民法院除判令侵权人承担停止侵害、恢复名誉、消除影响、赔礼道歉等民事责任外，可以根据受害人一方的请求判令其赔偿相应的精神损害抚慰金。"《最高人民法院关于确定民事侵权精神损害赔偿责任若干问题的解释》第九条还规定，"精神损害抚慰金包括以下方式：致人残疾的，为残疾赔偿金；致人死亡的，为死亡赔偿金；其他损害情形的精神抚慰金。"

4. 损害赔偿费用的具体标准

（1）医疗费

医疗费，是指因治疗交通事故所受创伤使身体复员所必需的医药费和治疗费用，包括挂号费、检验费、手术费、治疗费、住院费和药费等。医疗费根据医疗机构出具的医药费、住院费等收款凭证，结合病历和诊断证明等相关证据确定。

（2）误工费

误工费，是指结案前交通事故伤者、残者和死者生前抢救治疗期间、参加事故处理期间因误工减少的收入。误工费根据受害人的误工时间和收入状况确定。误工时间根据受害人接受治疗的医疗机构出具的证明确定。受害人因伤致残持续误工的，误工时间可以计算至定残日前一天。误工费的具体计算按照受害人是否有固定收入分为两种：

一是受害人有固定收入的，误工费按照实际减少的收入计算。"固定收入"是指有街道办事处、乡镇人民政府证明或者有关凭证，在交通事故发生前从事某种劳动，其收入能维持本人正常生活的，包括城乡个体工商户、家庭劳动服务人员等。"有固定收入的"，包括非农业人口中有固定收入的和农业人口中有固定收入的两部分。非农业人口中有固定收入的，是指在国家机关、企业事业组织、社会团体等单位按期得到收入的，其收入包括工资、奖金及国家规定的补贴、津贴。奖金以交通事故发生时上一年度本单位人均奖金计算，超出奖金税计征起点的，以计征起点为限。农业人口中有固定收入的，是指直接从事农、林、牧、渔业的在业人员，其收入按照交通事故发生地劳动力人均年纯收入计算。

二是受害人无固定收入的，按照其最近三年的平均收入计算；受害人不能举证证明其最近三年的平均收入状况的，可以参照受诉法院所在地相同或者相近行业上一年度职工的平均工资计算。"无固定收入的"是指本人生活来源主要或者全部依靠他人供给，或者偶然有少量收入，但不足以维持本人正常生活的。

（3）住院伙食补助费

住院伙食补助费，是指交通事故伤者、残者、死者生前住院抢救治疗期间所需补助伙食的费用。补助以住院期间为限，只要住院不管其伤轻伤重都应该结付，住院伙食补助费可以参照当地国家机关一般工作人员的出差伙食补助标准予以确定。受害人确有必要到外地治疗，因客观原因不能住院，受害人本人及其陪护人员实际发生的住宿费和伙食费，其合理部分应予赔偿。

（4）护理费

护理费，是指交通事故伤者、残者、死者生前抢救期间因伤势严重生活不能自理和因残疾不能恢复生活自理能力，所需专门护理人员的费用。护理费根据护理人员的收入状况和护理人数、护理期限确定。护理人员有收入的，参照误工费的规定计算；护理人员没有收入或者雇佣护工的，参照当地护工从事同等级别护理的劳务报酬标准计算。护理人员原则上为一人，但医疗机构或者鉴定机构有明确意见的，可以参照确定护理人员人数。护理期限应计算至受害人恢复生活自理能力时止。受害人因残疾不能恢复生活自理能力的，可以根据其年龄、健康状况等因素确定合理的护理期限，但最长不超过二十年。受害人定残后的护理，应当根据其护理依赖程度并结合配制残疾辅助器具的情况确定护理级别。

（5）营养费

根据受害人伤残情况参照医疗机构的意见确定。

（6）残疾赔偿金

根据受害人丧失劳动能力程度或者伤残等级，按照受诉法院所在地上一年度城镇居民人均可支配收入或者农村居民人均纯收入标准，自定残之日起按二十年计算。但六十周岁以上的，年龄每增加一岁减少一年；七十五周岁以上的，按五年计算。受害人因伤致残但实际收入没有减少，或者伤残等级较轻但造成职业妨害严重影响其劳动就业的，可以对残疾赔偿金作相应调整。

（7）残疾用具费

残疾用具费，是指因残疾而造成全部或者部分功能丧失需要配制补偿功能的器具的费用。残疾辅助器具费按照普通适用器具的合理费用标准计算。伤情有特殊需要的，可以参照辅助器具配制机构的意见确定相应的合理费用标准。辅助器具的更换周期和赔偿期限参照配制机构的意见确定。

（8）丧葬费

丧葬费，是指办理丧葬事宜所必需的费用，丧葬费按照受诉法院所在地上一年度职工月平均工资标准，以六个月总额计算。

（9）死亡赔偿金

死亡赔偿金，是指因交通事故死亡对死者家属的抚慰金以及对死者家庭遭受损失的补偿金。死亡赔偿金按照受诉法院所在地上一年度城镇居民人均可支配收入或者农村居民人均纯收入标准，按二十年计算。但六十周岁以上的，年龄每增加一岁减少一年；七十五周岁以上的，按五年计算。

（10）被扶养人生活费

被扶养人生活费，是指死者生前或者残者丧失劳动能力前"实际抚养的、没有其他生活来源的人"的生活费用。这里指的残者丧失劳动能力应按照公安部关于道路交通事故伤残评定的标准确定，以第五级残疾以上（含第五级）为限。被扶养人是指受害人依法应当承担扶养义务的未成年人或者丧失劳动能力又无其他生活来源的成年近亲属。被扶养人还有其他扶养人的，赔偿义务人只赔偿受害人依法应当负担的部分。被扶养人有数人的，年赔偿总额累计不超过上一年度城镇居民人均消费性支出额或者农村居民人均年生活消费支出额。"实际抚养的、没有其他生活来源的人"，是指死者或者残者丧失劳动能力前已经在抚养的，无收入的被抚养人，包括：配偶、子女、父母、兄弟姐妹、祖父母、外祖父母、孙子女、外孙子女等。死者生前或者残者丧失劳动能力前实际抚养的，没有其他生活来源的人，应由具有抚养义务和抚养能力的人共同承担，死者和丧失劳动能力的残者只承担本人应抚养的一份费用。

被扶养人生活费根据扶养人丧失劳动能力程度，按照受诉法院所在地上一年度城镇居民人均消费性支出和农村居民人均年生活消费支出标准计算。被扶养人为未成年人的，计算至十八周岁；被扶养人无劳动能力又无其他生活来源的，计算二十年。但六十周岁以上的，年龄每增加一岁减少一年；七十五周岁以上的，按五年计算。

（11）交通费

交通费根据受害人及其必要的陪护人员因就医或者转院治疗实际发生的费用计算。交通费应当以正式票据为凭；有关凭据应当与就医地点、时间、人数、次数相符合。

（12）住宿费

按照交通事故发生地国家机关一般工作人员的出差住宿标准计算，凭据支付。住宿费，是指伤、残者到外地就医，赔偿残疾用具、参加交通事故处理等需要住医院、住亲属家以外的住宿费用。

（13）精神损害抚慰金

精神损害是《侵权责任法》所认可的，与财产损失、死亡、伤害、社会评价降低等相并列的，侵权行为作用于受害的自然人的人身权（尤其是人格权）所导致的精神方面的不利的反常状况。精神损害抚慰金包括残疾赔偿金、死亡赔偿金和其他损害情形的精神抚慰金。

（二）交通事故损害赔偿的归责原则

交通事故损害赔偿的归责原则，即按照什么样的原则和标准来确定各方当事人应承担的交通事故损害赔偿责任。目前我国交通事故损害赔偿的归责原则主要是依据《民法通则》《道路交通安全法》以及《侵权责任法》的规定来确定的。其中，《民法通则》第一百零六条规定，"公民、法人违反合同或者不履行其他义务的，应当承担民事责任。公民、法人由于过错侵害国家的、集体的财产，侵害他人财产、人身的，应当承担民事责任。没有过错，但法律规定应当承担民事责任的，应当承担民事责任。"《侵权责任法》的第六章对于机动车交通事故责任作出了专门规定。《道路交通安全法》第七十六条对此也作出了规定，后该条款经 2007 年 12 月 29 日第十届全国人民代表大会常务委员会第三十一次会议《关于修改〈中华人民共和国道路交通安全法〉的决定》予以修正。

1. 过错责任原则

《侵权责任法》第六条第一款规定，"行为人因过错侵害他人民事权益，应当承担侵权责任。"《道路交通安全法》第七十六条第一款第一项的规定，"机动车之间发生交通事故的，由有过错的一方承担赔偿责任；双方都有过错的，按照各自过错的比例分担责任。"这是民法中的过错原则在道路交通事故损害赔偿中的具体体现。机动车之间发生交通事故，在民事损害赔偿上使用过错责任原则，主要是考虑到机动车驾驶人之间属于平等的主体，没有强弱之分，发生交通事故时，由有过错的一方当事人承担民事赔偿责任。如果双方当事人均有过错，则按照各自过错的大小来确定损害赔偿承担的比例。

2. 过错推定责任原则

机动车与非机动车驾驶人、行人之间发生交通事故，则采用过错推定责任原则。《民法通则》第一百二十三条规定，"从事高空、高压、易燃、易爆、剧毒、放射性、高速运输工具等对周围环境有高度危险的作业造成他人损害的，应当承担民事责任；如果能够证明损害是由受害人故意造成的，不承担民事责任。"依据《民法通则》的有关规定，机动车是高速运行的交通工具，驾驶机动车属于高度危险作业，其应该承担相应的社会责任，这样也有利于保护交通活动中弱势群体的利益。《道路交通安全法》第七十六条第一款第二项进一步作出了明确的规定，"机动车与非机动车驾驶人、行人之间发生交通事故，非机动车驾驶人、行人没有过错的，由机动车一方承担赔偿责任；有证据证明非机动车驾驶人、行人有过错的，根据过错程度适当减轻机动车一方的赔偿责任；机动车一方没有过错的，承担不超过百分之十的赔偿责任。"

此外，《侵权责任法》第二十七条规定，"损害是因受害人故意造成的，行为人不承担责任。"《道路交通安全法》第七十六条第二款也规定，"交通事故的损失是由非机动车驾驶人、行人故意碰撞机动车造成的，机动车一方不承担赔偿责任。"同时，依据《最高人民法院关于审理道路交通事故损害赔偿案件适用法律若干问题的解释》第十六条的规定，"同时投保机动车第三者责任强制保险（以下简称'交强险'）和第三者责任商业保险（以下简称'商业三者险'）的机动车发生交通事故造成损害，当事人同时起诉侵权人和保险公司的，人民法院应当按照下列规则确定赔偿责任：先由承保交强险的保险公司在责任限额范围内予以赔偿；不足部分，由承保商业三者险的保险公司根据保险合同予以赔偿；仍有不足的，依照道路交通安全法和侵权责任法的相关规定由侵权人予以赔偿。被侵权人或者其近亲属请求承保交强险的保险公司优先赔偿精神损害的，人民法院应予支持。"

（三）交通事故损害赔偿的争议解决

交通事故损害赔偿的争议解决方式有三种：当事人自行协商、请求公安机关交通管理部门调解、向人民法院提起民事诉讼。

1. 当事人自行协商

《道路交通安全法》第七十条第二款的有关规定，"在道路上发生交通事故，未造成人身伤亡，当事人对事实及成因无争议的，可以即行撤离现场，恢复交通，自行协商处理损害赔偿事宜……"。《道路交通事故处理程序规定》第十九条对此也作出了有关规定，"机动车与机动车、机动车与非机动车发生财产损失事故，当事人应当在确保安全的原则下，采取现场拍照或者标划事故车辆现场位置等方式固定证据后，立即撤离现场，将车辆移至不妨碍交通的地点，再协商处理损害赔偿事宜，但有本规定第十三条第一款情形的除外。非机动车与非机动车或者行人发生财产损失事故，当事人应当先撤离现场，再协商处理损害赔偿事宜。对应当自行撤离现场而未撤离的，交通警察应当责令当事人撤离现场；造成交通堵塞的，对驾驶人处以200元罚款。"

2. 公安机关交通管理部门调解

交通事故损害赔偿调解是解决交通事故损害赔偿争议的主要方式之一。依据《道路交通安全法》第七十四条的有关规定，"对交通事故损害赔偿的争议，当事人可以请求公安机关交通管理部门调解……"。同时，依据《道路交通事故处理程序规定》第八十六条的规定，"当事人申请公安机关交通管理部门调解的，应当在收到道路交通事故认定书、道路交通事故证明或者上一级公安机关交通管理部门维持原道路交通事故认定的复核结论之日起十日内一致书面申请。当事人申请公安机关交通管理部门调解，调解未达成协议的，当事人可以依法向人民法院提起民事诉讼，或者申请人民调解委员会进行调解。"

（1）交通事故损害赔偿调解的基本原则

《道路交通事故处理程序规定》第八十七条规定，"公安机关交通管理部门应当按照合法、公正、自愿、及时的原则进行道路交通事故损害赔偿调解。道路交通事故损害赔偿调解应当公开进行，但当事人申请不予公开的除外。"

（2）交通事故损害赔偿调解的参加人

交通事故损害赔偿参加人是指基于代理或者公安交通管理部门认为必要等原因而加入调解的人员，包括交通事故调解的当事人。在调解中，可以参加调解的人员有：调解中各当事人的代理人、死亡当事人的近亲属、公安机关交通管理部门认为有必要参加的其他人员。

（3）交通事故损害赔偿调解的组织

公安机关交通管理部门应当与当事人约定调解的时间、地点，并于调解时间三日前书面通知当事人。口头通知的应当记入调解记录。调解参加人因故不能按期参加调解的，应当在预定调解时间一日前通知承办的交通警察，请求变更调解时间。公安机关交通管理部门应当指派二名交通警察主持调解。

（4）交通事故损害赔偿调解的步骤

①介绍交通事故的基本情况；

②宣读交通事故认定书；

③分析当事人的行为对发生交通事故所起的作用以及过错的严重程度，并对当事人进行教育；

④根据交通事故认定书认定的当事人责任以及《道路交通安全法》第七十六条的规定，确定当事人承担的损害赔偿责任；

⑤计算人身损害赔偿和财产损失总额，确定各方当事人分担的数额。造成人身损害的，按照《最高人民法院关于审理人身损害赔偿案件适用法律若干问题的解释》规定的赔偿项目和标准计算。修复费用、折价赔偿费用按照实际价值或者评估机构的评估结论计算；

⑥确定赔偿方式；

⑦征求各方当事人的意见，允许各参加人进行辩论；

⑧就各方当事人要求的赔偿数额、法定标准及案件的实际情况，对各方当事人进行说服、劝导；

⑨制作调解的文书。调解达成协议的制作交通事故损害赔偿调解书，未达成协议的制作交通事故损害赔偿调解终结书。

（5）交通事故损害赔偿调解书及交通事故损害赔偿调解终结书的制作

经调解达成协议的，公安机关交通管理部门应当当场制作道路交通事故损害赔偿调解书，由各方当事人签字，分别送达各方当事人。调解书应当载明调解依据、道路交通事故认定书认定的基本事实和损失情况、损害赔偿的项目和数额、各方的损害赔偿责任及比例、赔偿履行方式和期限以及调解的日期。如果经调解各方当事人未达成协议的，公安机关交通管理部门应当终止调解，制作道路交通事故损害赔偿调解终结书送达各方当事人。《道路交通事故处理程序规定》第九十四条还规定，"有下列情形之一的，公安机关交通管理部门应当终止调解，并记录在案：（一）调解期间有一方当事人向人民法院提起民事诉讼的；（二）一方当事人无正当理由不参加调解的；（三）一方当事人调解过程中退出调解的。"

3. 向人民法院提起民事诉讼

《道路交通安全法》第七十四条规定，对交通事故损害赔偿的争议，当事人也可以直接向人民法院提起民事诉讼。经公安机关交通管理部门调解，当事人未达成协议或者调解书生效后不履行的，当事人可以向人民法院提起民事诉讼。

第二部分　实训方案

一、实训目的与要求

（一）实训的目的

1. 使学员学会运用所掌握的证据查明交通事故基本事实；能够正确分析事故发生过程和成因；准确适用道路交通安全法律法规，并恰当确定各方当事人的交通事故责任的实际应用能力。

2. 使学员认识和了解道路交通事故损害赔偿调解的作用和意义，掌握交通事故损害赔偿调解的法律规定、调解程序和人身损害赔偿和财产损失赔偿额的计算方法，道路交通事故损害赔偿调解书制作等。

（二）实训的要求

1. 学员要熟悉和掌握《道路交通事故处理程序规定》和《道路交通事故处理工作规范》中的有关规定，通过实训模拟交通事故认定程序与全过程的训练，掌握交通事故认定程序适用，要求参训学员熟练运用交通事故责任认定规则，分析交通事故成因、确定当事人的责任以及相应的角色实战训练。

2. 学员要熟悉《民法通则》《侵权责任法》《道路交通事故处理程序规定》和《道路交通事故处理工作规范》中的有关规定，通过实战模拟交通事故损害赔偿调解程序与全过程的训练，掌握交通事故损害赔偿的程序适用，掌握交通事故损害赔偿项目确定、赔偿数额的计算方法，交通事故损害赔偿调解文书制作技能。

二、实训内容

（一）交通事故过程和成因分析训练

1. 根据道路交通事故的不同类型和现场调查情况，运用现场时空分析、车辆轨迹分析、动态分析法和痕迹综合分析等方法，对事故形成过程进行分析；

2. 找出导致事故发生的全部原因；

3. 运用道路交通事故因果关系理论和交通事故成因分析方法，对事故进行成因分析；

4. 明确给定事故案例中各方当事人行为或过错与事故之间是否构成因果关系，以及行为或过错对事故的作用力分析。

（二）《道路交通事故认定书》制作训练

1. 熟悉《道路交通事故认定书》的格式、结构和内容；

2. 根据具体事故案件和有关法律法规规定，完成《道路交通事故认定书》的制作。

（三）计算交通事故损害赔偿的总额

1. 分析有关事故损害及赔偿计算证据；

2. 明确交通事故损害赔偿项目；

3. 熟悉各类交通事故损害赔偿数额的计算原则和方法。

（四）交通事故损害赔偿调解过程的训练

在一个实训小组中，根据实训案例的需要进行人员分工，明确自己的角色；以小组为单位进行损害赔偿调解过程的训练。

（五）《道路交通事故损害赔偿调解书》撰写

熟悉《道路交通事故损害赔偿调解书》《道路交通事故损害赔偿调解终结书》等文书的结构和内容；根据案件的具体情况和有关法律法规和标准的规定，完成《道路交通事故损害赔偿调解书》的制作。

三、实训条件

（一）实训场地

交通事故案件分析实验室、调解室；或具备计算机及投影设备的教室。

（二）实训设施与装备

复印机、扫描仪、照片测量分析仪、投影仪、Smart Board 电子白板、计算机、3Dmax 软件、PhotoShop 软件、道路交通事故分析演示软件、事故碰撞分析软件（PC－CRASH）和道路交通事故主要参数数据库等。

四、实训组织

（一）实训的前期准备

1. 学员要掌握道路交通安全法等相关法律法规、道路交通事故处理、交通心理学、证据法学车辆工程和道路工程等实训必备的知识；

2. 准备典型交通事故实例；

3. 实训教师、教官 2～3 名，可以由教师及外聘实战教官组成，负责实训的组织与考核工作。

（二）实训方式

实训以小组为单位，采用学员个人收集资料和分析、小组集体研究会议和实训成果公开汇报、提问答辩相结合的方式完成。每个实训小组由 6～8 名学员组成，每个小组一个案例。

1. 按照实训内容进行任务分工和角色定位，按照审阅事故案卷、证据的查证方法和证明、事故过程及成因分析、调查报告撰写、事故认定书撰写和事故认定复核、模拟训练汇报与答辩、汇报 PPT 及图、动画制作进行分工。其中事故过程及成因分析和模拟训练汇报与答辩是交通事故认定训练的关键，要求每人都要参与，由小组成员共同完成。

2. 按照实训内容进行任务分工和角色定位，按照审阅事故案卷、观看和研习道路交通事故损害赔偿调解实例录像资料、道路交通事故损害赔偿计算、《道路交通事故损害赔偿调解书》撰写技能训练、道路交通事故损害赔偿调解过程的小组模拟训练，以及道路交通事故损害赔偿司法调解法庭模拟训练步骤，逐步开展模拟训练。

（三）实训的步骤

1. 阅卷与分析

实训小组接受实训事故案卷和任务之后，利用课外时间，以个人或小组为单位完成案卷审阅、证据查证、违法事实或过错的认定、法律适用和事故责任确定等工作。

2. 法律文书制作

法律文书制作包括《道路交通事故调查报告》《道路交通事故认定书》。在事故分析结束之后，按照小组任务分工分别制作上述法律文书和工作文书。

3. 计算机模拟与再现分析阶段

在交通事故分析实验室，利用道路交通事故分析演示软件、事故碰撞分析软件（PC – CRASH），上级进行事故过程再现分析和演示。

4. 实训汇报、PPT 课件制作阶段

完成前面分析模拟训练内容之后，由实训小组负责撰写《道路交通事故认定实训报告》，报告内容包括案例分析、角色分工、训练方法、事故认定结果、训练体会等，经小组全体成员讨论后定稿，然后制作实训汇报 PPT 演示课件和其他多媒体辅助课件，每组实训汇报与答辩的总时间在 20 ~ 30 分钟内。其中讲解实训汇报 PPT 课件或多媒体课件 10 ~ 15 分钟；由参加实训的其他小组学员进行 5 ~ 10 分钟的提问，小组全体人员可参加答辩；由教师教官进行简要的实训点评，控制在 5 分钟内。

5. 交通事故损害赔偿范围确定及赔偿项目计算

6. 法律文书制作

法律文书制作包括《道路交通事故损害赔偿调解书》和《道路交通事故损害赔偿调解终结书》的制作。

7. 模拟训练调解过程

以实训小组为单位，进行道路交通事故损害赔偿调解全过程的模拟训练。小组角色模拟训练时间控制在 20～30 分钟，训练结束后由主训教师教官点评 5 分钟。

五、实训考核及评分标准

（一）实训考核的基本标准

以小组为单位进行的实训，小组成员个人成绩以小组合作的最终成果评价为基准，根据个人在完成小组任务中的作用大小，上下浮动分数；考核评价采用百分制，实训的各个组成部分分别计分。

（二）实训考核方法

指导教师（主训教官）对考核情况进行考核打分，其中训练表现 10%，交通事故责任认定 40%，交通事故损害赔偿 30%，文书制作 20%。综合成绩按照以上权重比例进行折算得出。

参考文献：

［1］刘建军、张新海主编．道路交通安全法学［M］．中国人民公安大学出版社，2015.

［2］马骏、欧居尚主编．道路交通心理［M］．中国人民公安大学出版社，2015.

［3］路峰、汤三红主编．道路交通管理学［M］．中国人民公安大学出版社，2014.

［4］杜心全、李英娟主编．道路交通事故处理［M］．中国人民公安大学

出版社，2014.

［5］马社强．交通事故处理教程［M］．中国人民公安大学出版社，2005.

［6］谷正气．道路交通事故技术鉴定与理赔［M］．人民交通出版社，2004.

［7］邓水泉．道路交通肇事逃逸案件勘查与侦破［M］．中国人民公安大学出版社，2003.

［8］刘建军．交通事故物证鉴定技术［M］．中国人民公安大学出版社，2001.

［9］段里仁．道路交通事故概论［M］．中国人民公安大学出版社，2003.

［10］〔日〕山崎俊一．交通事故分析基础与应用［M］．北京大学出版社，2012.

［11］黄明主编．交巡警队长手册．群众出版社，2007.

［12］公安部交通管理局编．中华人民共和国道路交通安全法适用指南．中国人民公安大学出版社，2003.

［13］袁西安、郏红雯主编．道路交通安全法教程（修订本）．中国人民公安大学出版社，2008.

道路交通安全相关法律法规汇总列表

一、法律、法规

1. 《中华人民共和国道路交通安全法》（附录一）
2. 《中华人民共和国道路交通安全法实施条例》（附录二）
3. 《中华人民共和国刑法》
4. 《中华人民共和国刑事诉讼法》
5. 《中华人民共和国民法通则》
6. 《中华人民共和国侵权责任法》

二、公安部规章、规范性文件

1. 《道路交通安全违法行为处理程序规定》（附录三）
2. 《道路交通事故处理程序规定》（附录四）
3. 《交通警察道路执勤执法工作规范》
4. 《道路交通事故处理工作规范》

三、司法解释

1. 《最高人民法院关于审理交通肇事刑事案件具体应用法律若干问题的解释》
2. 《最高人民法院关于审理人身损害赔偿案件适用法律若干问题的解释》
3. 《最高人民法院关于确定民事侵权精神损害赔偿责任若干问题的解释》

四、技术标准

1. 道路交通事故案卷文书（GA 40 – 2008）

2. 道路交通事故痕迹物证（GA 41 – 2014）

3. 道路交通事故现场图绘制（GA 49 – 2014）

4. 道路交通事故现场勘验照相（GA 50 – 2014）

5. 辨认照相、录像要求（GA/T 325 – 2001）

6. 尸体辨认照相、录像方法规则（GA/T 223 – 1999）

7. 交通事故车辆安全技术检验鉴定（GA/T 642 – 2006）

8. 车辆驾驶人员血液、呼气酒精含量阈值与检验（GB 19522 – 2010）

9. 机动车运行安全技术条件（GB 7258 – 2017）

10. 道路交通标志和标线

    第 1 部分：总则（GB 5768.1 – 2009）

    第 2 部分：道路交通标志（GB 5768.2 – 2009）

    第 3 部分：道路交通标线（GB 5768.3 – 2009）

    第 4 部分：作业区（GB 5768.4 – 2017）

    第 5 部分：限制速度（GB 5768.5 – 2017）

    第 6 部分：铁路道口（GB 5768.6 – 2017）

附录一：

中华人民共和国道路交通安全法

(2003 年 10 月 28 日第十届全国人民代表大会常务委员会第五次会议通过 根据 2007 年 12 月 29 日第十届全国人民代表大会常务委员会第三十一次会议《关于修改〈中华人民共和国道路交通安全法〉的决定》第一次修正 根据 2011 年 4 月 22 日第十一届全国人民代表大会常务委员会第二十次会议《关于修改〈中华人民共和国道路交通安全法〉的决定》第二次修正)

目　　录

第一章　总　　则

第一条　为了维护道路交通秩序，预防和减少交通事故，保护人身安全，保护公民、法人和其他组织的财产安全及其他合法权益，提高通行效率，制定本法。

第二条　中华人民共和国境内的车辆驾驶人、行人、乘车人以及与道路交通活动有关的单位和个人，都应当遵守本法。

第三条　道路交通安全工作，应当遵循依法管理、方便群众的原则，保障道路交通有序、安全、畅通。

第四条　各级人民政府应当保障道路交通安全管理工作与经济建设和社会发展相适应。

县级以上地方各级人民政府应当适应道路交通发展的需要，依据道路交通安全法律、法规和国家有关政策，制定道路交通安全管理规划，并组织实施。

第五条　国务院公安部门负责全国道路交通安全管理工作。县级以上地方各级人民政府公安机关交通管理部门负责本行政区域内的道路交通安全管理工作。

县级以上各级人民政府交通、建设管理部门依据各自职责，负责有关的道路交通工作。

第六条　各级人民政府应当经常进行道路交通安全教育，提高公民的道路交通安全意识。

公安机关交通管理部门及其交通警察执行职务时，应当加强道路交通安全法律、法规的宣传，并模范遵守道路交通安全法律、法规。

机关、部队、企业事业单位、社会团体以及其他组织，应当对本单位的人员进行道路交通安全教育。

教育行政部门、学校应当将道路交通安全教育纳入法制教育的内容。

新闻、出版、广播、电视等有关单位，有进行道路交通安全教育的义务。

第七条　对道路交通安全管理工作，应当加强科学研究，推广、使用先进的管理方法、技术、设备。

第二章　车辆和驾驶人

第一节　机动车、非机动车

第八条　国家对机动车实行登记制度。机动车经公安机关交通管理部门登记后，方可上道路行驶。尚未登记的机动车，需要临时上道路行驶的，应当取得临时通行牌证。

第九条　申请机动车登记，应当提交以下证明、凭证：

（一）机动车所有人的身份证明；

（二）机动车来历证明；

（三）机动车整车出厂合格证明或者进口机动车进口凭证；

（四）车辆购置税的完税证明或者免税凭证；

（五）法律、行政法规规定应当在机动车登记时提交的其他证明、凭证。

公安机关交通管理部门应当自受理申请之日起五个工作日内完成机动车登记审查工作，对符合前款规定条件的，应当发放机动车登记证书、号牌和行驶证；对不符合前款规定条件的，应当向申请人说明不予登记的理由。

公安机关交通管理部门以外的任何单位或者个人不得发放机动车号牌或者要求机动车悬挂其他号牌，本法另有规定的除外。

机动车登记证书、号牌、行驶证的式样由国务院公安部门规定并监制。

第十条　准予登记的机动车应当符合机动车国家安全技术标准。申请机动车登记时，应当接受对该机动车的安全技术检验。但是，经国家机动车产品主管部门依据机动车国家安全技术标准认定的企业生产的机动车型，该车型的新车在出厂时经检验符合机动车国家安全技术标准，获得检验合格证的，免予安全技术检验。

第十一条　驾驶机动车上道路行驶，应当悬挂机动车号牌，放置检验合格标志、保险标志，并随车携带机动车行驶证。

机动车号牌应当按照规定悬挂并保持清晰、完整，不得故意遮挡、污损。

任何单位和个人不得收缴、扣留机动车号牌。

第十二条　有下列情形之一的，应当办理相应的登记：

（一）机动车所有权发生转移的；

（二）机动车登记内容变更的；

（三）机动车用作抵押的；

（四）机动车报废的。

第十三条 对登记后上道路行驶的机动车，应当依照法律、行政法规的规定，根据车辆用途、载客载货数量、使用年限等不同情况，定期进行安全技术检验。对提供机动车行驶证和机动车第三者责任强制保险单的，机动车安全技术检验机构应当予以检验，任何单位不得附加其他条件。对符合机动车国家安全技术标准的，公安机关交通管理部门应当发给检验合格标志。

对机动车的安全技术检验实行社会化。具体办法由国务院规定。

机动车安全技术检验实行社会化的地方，任何单位不得要求机动车到指定的场所进行检验。

公安机关交通管理部门、机动车安全技术检验机构不得要求机动车到指定的场所进行维修、保养。

机动车安全技术检验机构对机动车检验收取费用，应当严格执行国务院价格主管部门核定的收费标准。

第十四条 国家实行机动车强制报废制度，根据机动车的安全技术状况和不同用途，规定不同的报废标准。

应当报废的机动车必须及时办理注销登记。

达到报废标准的机动车不得上道路行驶。报废的大型客、货车及其他营运车辆应当在公安机关交通管理部门的监督下解体。

第十五条 警车、消防车、救护车、工程救险车应当按照规定喷涂标志图案，安装警报器、标志灯具。其他机动车不得喷涂、安装、使用上述车辆专用的或者与其相类似的标志图案、警报器或者标志灯具。

警车、消防车、救护车、工程救险车应当严格按照规定的用途和条件使用。

公路监督检查的专用车辆，应当依照公路法的规定，设置统一的标志和示警灯。

第十六条 任何单位或者个人不得有下列行为：

（一）拼装机动车或者擅自改变机动车已登记的结构、构造或者特征；

（二）改变机动车型号、发动机号、车架号或者车辆识别代号；

（三）伪造、变造或者使用伪造、变造的机动车登记证书、号牌、行驶证、检验合格标志、保险标志；

（四）使用其他机动车的登记证书、号牌、行驶证、检验合格标志、保险标志。

第十七条 国家实行机动车第三者责任强制保险制度，设立道路交通事故社会救助基金。具体办法由国务院规定。

第十八条 依法应当登记的非机动车，经公安机关交通管理部门登记后，方可上道路行驶。

依法应当登记的非机动车的种类，由省、自治区、直辖市人民政府根据当地实际情况规定。

非机动车的外形尺寸、质量、制动器、车铃和夜间反光装置，应当符合非机动车安全技术标准。

第二节 机动车驾驶人

第十九条 驾驶机动车，应当依法取得机动车驾驶证。

申请机动车驾驶证，应当符合国务院公安部门规定的驾驶许可条件；经考试合格后，由公安机关交通管理部门发给相应类别的机动车驾驶证。

持有境外机动车驾驶证的人，符合国务院公安部门规定的驾驶许可条件，经公安机关交通管理部门考核合格的，可以发给中国的机动车驾驶证。

驾驶人应当按照驾驶证载明的准驾车型驾驶机动车；驾驶机动车时，应当随身携带机动车驾驶证。

公安机关交通管理部门以外的任何单位或者个人，不得收缴、扣留机动车驾驶证。

第二十条 机动车的驾驶培训实行社会化，由交通主管部门对驾驶培训学校、驾驶培训班实行资格管理，其中专门的拖拉机驾驶培训学校、驾驶培训班由农业（农业机械）主管部门实行资格管理。

驾驶培训学校、驾驶培训班应当严格按照国家有关规定，对学员进行道路交通安全法律、法规、驾驶技能的培训，确保培训质量。

任何国家机关以及驾驶培训和考试主管部门不得举办或者参与举办驾驶培训学校、驾驶培训班。

第二十一条 驾驶人驾驶机动车上道路行驶前，应当对机动车的安全技术性能进行认真检查；不得驾驶安全设施不全或者机件不符合技术标准等具有安全隐患的机动车。

第二十二条 机动车驾驶人应当遵守道路交通安全法律、法规的规定，按照操作规范安全驾驶、文明驾驶。

饮酒、服用国家管制的精神药品或者麻醉药品，或者患有妨碍安全驾驶机动车的疾病，或者过度疲劳影响安全驾驶的，不得驾驶机动车。

任何人不得强迫、指使、纵容驾驶人违反道路交通安全法律、法规和机动车安全驾驶要求驾驶机动车。

第二十三条 公安机关交通管理部门依照法律、行政法规的规定，定期对机动车驾驶证实施审验。

第二十四条 公安机关交通管理部门对机动车驾驶人违反道路交通安全法律、法规的行为，除依法给予行政处罚外，实行累积记分制度。公安机关交通管理部门对累积记分达到规定分值的机动车驾驶人，扣留机动车驾驶证，对其进行道路交通安全法律、法规教育，重新考试；考试合格的，发还其机动车驾驶证。

对遵守道路交通安全法律、法规，在一年内无累积记分的机动车驾驶人，可以延长机动车驾驶证的审验期。具体办法由国务院公安部门规定。

第三章　道路通行条件

第二十五条 全国实行统一的道路交通信号。

交通信号包括交通信号灯、交通标志、交通标线和交通警察的指挥。

交通信号灯、交通标志、交通标线的设置应当符合道路交通安全、畅通的要求和国家标准，并保持清晰、醒目、准确、完好。

根据通行需要，应当及时增设、调换、更新道路交通信号。增设、调换、更新限制性的道路交通信号，应当提前向社会公告，广泛进行宣传。

第二十六条 交通信号灯由红灯、绿灯、黄灯组成。红灯表示禁止通行，绿灯表示准许通行，黄灯表示警示。

第二十七条 铁路与道路平面交叉的道口，应当设置警示灯、警示标志或者安全防护设施。无人看守的铁路道口，应当在距道口一定距离处设置警示标志。

第二十八条 任何单位和个人不得擅自设置、移动、占用、损毁交通信号灯、交通标志、交通标线。

道路两侧及隔离带上种植的树木或者其他植物，设置的广告牌、管线等，应当与交通设施保持必要的距离，不得遮挡路灯、交通信号灯、交通标志，不得妨碍安全视距，不得影响通行。

第二十九条 道路、停车场和道路配套设施的规划、设计、建设，应当符合道路交通安全、畅通的要求，并根据交通需求及时调整。

公安机关交通管理部门发现已经投入使用的道路存在交通事故频发路段，或者停车场、道路配套设施存在交通安全严重隐患的，应当及时向当地人民政府报告，并提出防范交通事故、消除隐患的建议，当地人民政府应当及时作出处理决定。

第三十条 道路出现坍塌、坑漕、水毁、隆起等损毁或者交通信号灯、交通标志、交通标线等交通设施损毁、灭失的，道路、交通设施的养护部门或者管理部门应当设置警示标志并及时修复。

公安机关交通管理部门发现前款情形，危及交通安全，尚未设置警示标志的，应当及时采取安全措施，疏导交通，并通知道路、交通设施的养护部门或者管理部门。

第三十一条 未经许可，任何单位和个人不得占用道路从事非交通活动。

第三十二条 因工程建设需要占用、挖掘道路，或者跨越、穿越道路架设、增设管线设施，应当事先征得道路主管部门的同意；影响交通安全的，还应当征得公安机关交通管理部门的同意。

施工作业单位应当在经批准的路段和时间内施工作业，并在距离施工作业地点来车方向安全距离处设置明显的安全警示标志，采取防护措施；施工作业完毕，应当迅速清除道路上的障碍物，消除安全隐患，经道路主管部门和公安机关交通管理部门验收合格，符合通行要求后，方可恢复通行。

对未中断交通的施工作业道路，公安机关交通管理部门应当加强交通安全监督检查，维护道路交通秩序。

第三十三条 新建、改建、扩建的公共建筑、商业街区、居住区、大

（中）型建筑等，应当配建、增建停车场；停车泊位不足的，应当及时改建或者扩建；投入使用的停车场不得擅自停止使用或者改作他用。

在城市道路范围内，在不影响行人、车辆通行的情况下，政府有关部门可以施划停车泊位。

第三十四条 学校、幼儿园、医院、养老院门前的道路没有行人过街设施的，应当施划人行横道线，设置提示标志。

城市主要道路的人行道，应当按照规划设置盲道。盲道的设置应当符合国家标准。

第四章　道路通行规定

第一节　一般规定

第三十五条 机动车、非机动车实行右侧通行。

第三十六条 根据道路条件和通行需要，道路划分为机动车道、非机动车道和人行道的，机动车、非机动车、行人实行分道通行。没有划分机动车道、非机动车道和人行道的，机动车在道路中间通行，非机动车和行人在道路两侧通行。

第三十七条 道路划设专用车道的，在专用车道内，只准许规定的车辆通行，其他车辆不得进入专用车道内行驶。

第三十八条 车辆、行人应当按照交通信号通行；遇有交通警察现场指挥时，应当按照交通警察的指挥通行；在没有交通信号的道路上，应当在确保安全、畅通的原则下通行。

第三十九条 公安机关交通管理部门根据道路和交通流量的具体情况，可以对机动车、非机动车、行人采取疏导、限制通行、禁止通行等措施。遇有大型群众性活动、大范围施工等情况，需要采取限制交通的措施，或者作出与公众的道路交通活动直接有关的决定，应当提前向社会公告。

第四十条 遇有自然灾害、恶劣气象条件或者重大交通事故等严重影响交通安全的情形，采取其他措施难以保证交通安全时，公安机关交通管理部门可以实行交通管制。

第四十一条 有关道路通行的其他具体规定，由国务院规定。

第二节 机动车通行规定

第四十二条 机动车上道路行驶，不得超过限速标志标明的最高时速。在没有限速标志的路段，应当保持安全车速。

夜间行驶或者在容易发生危险的路段行驶，以及遇有沙尘、冰雹、雨、雪、雾、结冰等气象条件时，应当降低行驶速度。

第四十三条 同车道行驶的机动车，后车应当与前车保持足以采取紧急制动措施的安全距离。有下列情形之一的，不得超车：

（一）前车正在左转弯、掉头、超车的；

（二）与对面来车有会车可能的；

（三）前车为执行紧急任务的警车、消防车、救护车、工程救险车的；

（四）行经铁路道口、交叉路口、窄桥、弯道、陡坡、隧道、人行横道、市区交通流量大的路段等没有超车条件的。

第四十四条 机动车通过交叉路口，应当按照交通信号灯、交通标志、交通标线或者交通警察的指挥通过；通过没有交通信号灯、交通标志、交通标线或者交通警察指挥的交叉路口时，应当减速慢行，并让行人和优先通行的车辆先行。

第四十五条 机动车遇有前方车辆停车排队等候或者缓慢行驶时，不得借道超车或者占用对面车道，不得穿插等候的车辆。

在车道减少的路段、路口，或者在没有交通信号灯、交通标志、交通标线或者交通警察指挥的交叉路口遇到停车排队等候或者缓慢行驶时，机动车应当依次交替通行。

第四十六条 机动车通过铁路道口时，应当按照交通信号或者管理人员的指挥通行；没有交通信号或者管理人员的，应当减速或者停车，在确认安全后通过。

第四十七条 机动车行经人行横道时，应当减速行驶；遇行人正在通过人行横道，应当停车让行。

机动车行经没有交通信号的道路时，遇行人横过道路，应当避让。

第四十八条 机动车载物应当符合核定的载质量，严禁超载；载物的长、宽、高不得违反装载要求，不得遗洒、飘散载运物。

机动车运载超限的不可解体的物品，影响交通安全的，应当按照公安机关交通管理部门指定的时间、路线、速度行驶，悬挂明显标志。在公路上运载超限的不可解体的物品，并应当依照公路法的规定执行。

机动车载运爆炸物品、易燃易爆化学物品以及剧毒、放射性等危险物品，应当经公安机关批准后，按指定的时间、路线、速度行驶，悬挂警示标志并采取必要的安全措施。

第四十九条 机动车载人不得超过核定的人数，客运机动车不得违反规定载货。

第五十条 禁止货运机动车载客。

货运机动车需要附载作业人员的，应当设置保护作业人员的安全措施。

第五十一条 机动车行驶时，驾驶人、乘坐人员应当按规定使用安全带，摩托车驾驶人及乘坐人员应当按规定戴安全头盔。

第五十二条 机动车在道路上发生故障，需要停车排除故障时，驾驶人应当立即开启危险报警闪光灯，将机动车移至不妨碍交通的地方停放；难以移动的，应当持续开启危险报警闪光灯，并在来车方向设置警告标志等措施扩大示警距离，必要时迅速报警。

第五十三条 警车、消防车、救护车、工程救险车执行紧急任务时，可以使用警报器、标志灯具；在确保安全的前提下，不受行驶路线、行驶方向、行驶速度和信号灯的限制，其他车辆和行人应当让行。

警车、消防车、救护车、工程救险车非执行紧急任务时，不得使用警报器、标志灯具，不享有前款规定的道路优先通行权。

第五十四条 道路养护车辆、工程作业车进行作业时，在不影响过往车辆通行的前提下，其行驶路线和方向不受交通标志、标线限制，过往车辆和人员应当注意避让。

洒水车、清扫车等机动车应当按照安全作业标准作业；在不影响其他车辆通行的情况下，可以不受车辆分道行驶的限制，但是不得逆向行驶。

第五十五条 高速公路、大中城市中心城区内的道路，禁止拖拉机通行。其他禁止拖拉机通行的道路，由省、自治区、直辖市人民政府根据当地实际情况规定。

在允许拖拉机通行的道路上，拖拉机可以从事货运，但是不得用于载人。

第五十六条 机动车应当在规定地点停放。禁止在人行道上停放机动车；但是，依照本法第三十三条规定施划的停车泊位除外。

在道路上临时停车的，不得妨碍其他车辆和行人通行。

第三节 非机动车通行规定

第五十七条 驾驶非机动车在道路上行驶应当遵守有关交通安全的规定。非机动车应当在非机动车道内行驶；在没有非机动车道的道路上，应当靠车行道的右侧行驶。

第五十八条 残疾人机动轮椅车、电动自行车在非机动车道内行驶时，最高时速不得超过十五公里。

第五十九条 非机动车应当在规定地点停放。未设停放地点的，非机动车停放不得妨碍其他车辆和行人通行。

第六十条 驾驭畜力车，应当使用驯服的牲畜；驾驭畜力车横过道路时，驾驭人应当下车牵引牲畜；驾驭人离开车辆时，应当拴系牲畜。

第四节 行人和乘车人通行规定

第六十一条 行人应当在人行道内行走，没有人行道的靠路边行走。

第六十二条 行人通过路口或者横过道路，应当走人行横道或者过街设施；通过有交通信号灯的人行横道，应当按照交通信号灯指示通行；通过没有交通信号灯、人行横道的路口，或者在没有过街设施的路段横过道路，应当在确认安全后通过。

第六十三条 行人不得跨越、倚坐道路隔离设施，不得扒车、强行拦车或者实施妨碍道路交通安全的其他行为。

第六十四条 学龄前儿童以及不能辨认或者不能控制自己行为的精神疾病患者、智力障碍者在道路上通行，应当由其监护人、监护人委托的人或者对其负有管理、保护职责的人带领。

盲人在道路上通行，应当使用盲杖或者采取其他导盲手段，车辆应当避让盲人。

第六十五条 行人通过铁路道口时，应当按照交通信号或者管理人员的指挥通行；没有交通信号和管理人员的，应当在确认无火车驶临后，迅速通过。

第六十六条　乘车人不得携带易燃易爆等危险物品，不得向车外抛洒物品，不得有影响驾驶人安全驾驶的行为。

第五节　高速公路的特别规定

第六十七条　行人、非机动车、拖拉机、轮式专用机械车、铰接式客车、全挂拖斗车以及其他设计最高时速低于七十公里的机动车，不得进入高速公路。高速公路限速标志标明的最高时速不得超过一百二十公里。

第六十八条　机动车在高速公路上发生故障时，应当依照本法第五十二条的有关规定办理；但是，警告标志应当设置在故障车来车方向一百五十米以外，车上人员应当迅速转移到右侧路肩上或者应急车道内，并且迅速报警。

机动车在高速公路上发生故障或者交通事故，无法正常行驶的，应当由救援车、清障车拖曳、牵引。

第六十九条　任何单位、个人不得在高速公路上拦截检查行驶的车辆，公安机关的人民警察依法执行紧急公务除外。

第五章　交通事故处理

第七十条　在道路上发生交通事故，车辆驾驶人应当立即停车，保护现场；造成人身伤亡的，车辆驾驶人应当立即抢救受伤人员，并迅速报告执勤的交通警察或者公安机关交通管理部门。因抢救受伤人员变动现场的，应当标明位置。乘车人、过往车辆驾驶人、过往行人应当予以协助。

在道路上发生交通事故，未造成人身伤亡，当事人对事实及成因无争议的，可以即行撤离现场，恢复交通，自行协商处理损害赔偿事宜；不即行撤离现场的，应当迅速报告执勤的交通警察或者公安机关交通管理部门。

在道路上发生交通事故，仅造成轻微财产损失，并且基本事实清楚的，当事人应当先撤离现场再进行协商处理。

第七十一条　车辆发生交通事故后逃逸的，事故现场目击人员和其他知情人员应当向公安机关交通管理部门或者交通警察举报。举报属实的，公安机关交通管理部门应当给予奖励。

第七十二条 公安机关交通管理部门接到交通事故报警后，应当立即派交通警察赶赴现场，先组织抢救受伤人员，并采取措施，尽快恢复交通。

交通警察应当对交通事故现场进行勘验、检查，收集证据；因收集证据的需要，可以扣留事故车辆，但是应当妥善保管，以备核查。

对当事人的生理、精神状况等专业性较强的检验，公安机关交通管理部门应当委托专门机构进行鉴定。鉴定结论应当由鉴定人签名。

第七十三条 公安机关交通管理部门应当根据交通事故现场勘验、检查、调查情况和有关的检验、鉴定结论，及时制作交通事故认定书，作为处理交通事故的证据。交通事故认定书应当载明交通事故的基本事实、成因和当事人的责任，并送达当事人。

第七十四条 对交通事故损害赔偿的争议，当事人可以请求公安机关交通管理部门调解，也可以直接向人民法院提起民事诉讼。

经公安机关交通管理部门调解，当事人未达成协议或者调解书生效后不履行的，当事人可以向人民法院提起民事诉讼。

第七十五条 医疗机构对交通事故中的受伤人员应当及时抢救，不得因抢救费用未及时支付而拖延救治。肇事车辆参加机动车第三者责任强制保险的，由保险公司在责任限额范围内支付抢救费用；抢救费用超过责任限额的，未参加机动车第三者责任强制保险或者肇事后逃逸的，由道路交通事故社会救助基金先行垫付部分或者全部抢救费用，道路交通事故社会救助基金管理机构有权向交通事故责任人追偿。

第七十六条 机动车发生交通事故造成人身伤亡、财产损失的，由保险公司在机动车第三者责任强制保险责任限额范围内予以赔偿；不足的部分，按照下列规定承担赔偿责任：

（一）机动车之间发生交通事故的，由有过错的一方承担赔偿责任；双方都有过错的，按照各自过错的比例分担责任。

（二）机动车与非机动车驾驶人、行人之间发生交通事故，非机动车驾驶人、行人没有过错的，由机动车一方承担赔偿责任；有证据证明非机动车驾驶人、行人有过错的，根据过错程度适当减轻机动车一方的赔偿责任；机动车一方没有过错的，承担不超过百分之十的赔偿责任。

交通事故的损失是由非机动车驾驶人、行人故意碰撞机动车造成的，机动车一方不承担赔偿责任。

第七十七条 车辆在道路以外通行时发生的事故，公安机关交通管理部门接到报案的，参照本法有关规定办理。

第六章 执 法 监 督

第七十八条 公安机关交通管理部门应当加强对交通警察的管理，提高交通警察的素质和管理道路交通的水平。

公安机关交通管理部门应当对交通警察进行法制和交通安全管理业务培训、考核。交通警察经考核不合格的，不得上岗执行职务。

第七十九条 公安机关交通管理部门及其交通警察实施道路交通安全管理，应当依据法定的职权和程序，简化办事手续，做到公正、严格、文明、高效。

第八十条 交通警察执行职务时，应当按照规定着装，佩带人民警察标志，持有人民警察证件，保持警容严整，举止端庄，指挥规范。

第八十一条 依照本法发放牌证等收取工本费，应当严格执行国务院价格主管部门核定的收费标准，并全部上缴国库。

第八十二条 公安机关交通管理部门依法实施罚款的行政处罚，应当依照有关法律、行政法规的规定，实施罚款决定与罚款收缴分离；收缴的罚款以及依法没收的违法所得，应当全部上缴国库。

第八十三条 交通警察调查处理道路交通安全违法行为和交通事故，有下列情形之一的，应当回避：

（一）是本案的当事人或者当事人的近亲属；

（二）本人或者其近亲属与本案有利害关系；

（三）与本案当事人有其他关系，可能影响案件的公正处理。

第八十四条 公安机关交通管理部门及其交通警察的行政执法活动，应当接受行政监察机关依法实施的监督。

公安机关督察部门应当对公安机关交通管理部门及其交通警察执行法律、法规和遵守纪律的情况依法进行监督。

上级公安机关交通管理部门应当对下级公安机关交通管理部门的执法活动进行监督。

第八十五条 公安机关交通管理部门及其交通警察执行职务，应当自觉接受社会和公民的监督。

任何单位和个人都有权对公安机关交通管理部门及其交通警察不严格执法以及违法违纪行为进行检举、控告。收到检举、控告的机关，应当依据职责及时查处。

第八十六条 任何单位不得给公安机关交通管理部门下达或者变相下达罚款指标；公安机关交通管理部门不得以罚款数额作为考核交通警察的标准。

公安机关交通管理部门及其交通警察对超越法律、法规规定的指令，有权拒绝执行，并同时向上级机关报告。

第七章　法　律　责　任

第八十七条 公安机关交通管理部门及其交通警察对道路交通安全违法行为，应当及时纠正。

公安机关交通管理部门及其交通警察应当依据事实和本法的有关规定对道路交通安全违法行为予以处罚。对于情节轻微，未影响道路通行的，指出违法行为，给予口头警告后放行。

第八十八条 对道路交通安全违法行为的处罚种类包括：警告、罚款、暂扣或者吊销机动车驾驶证、拘留。

第八十九条 行人、乘车人、非机动车驾驶人违反道路交通安全法律、法规关于道路通行规定的，处警告或者五元以上五十元以下罚款；非机动车驾驶人拒绝接受罚款处罚的，可以扣留其非机动车。

第九十条 机动车驾驶人违反道路交通安全法律、法规关于道路通行规定的，处警告或者二十元以上二百元以下罚款。本法另有规定的，依照规定处罚。

第九十一条 饮酒后驾驶机动车的，处暂扣六个月机动车驾驶证，并处一千元以上二千元以下罚款。因饮酒后驾驶机动车被处罚，再次饮酒后驾驶机动车的，处十日以下拘留，并处一千元以上二千元以下罚款，吊销机动车驾驶证。

醉酒驾驶机动车的，由公安机关交通管理部门约束至酒醒，吊销机动车驾驶证，依法追究刑事责任；五年内不得重新取得机动车驾驶证。

饮酒后驾驶营运机动车的，处十五日拘留，并处五千元罚款，吊销机动车驾驶证，五年内不得重新取得机动车驾驶证。

醉酒驾驶营运机动车的，由公安机关交通管理部门约束至酒醒，吊销机动车驾驶证，依法追究刑事责任；十年内不得重新取得机动车驾驶证，重新取得机动车驾驶证后，不得驾驶营运机动车。

饮酒后或者醉酒驾驶机动车发生重大交通事故，构成犯罪的，依法追究刑事责任，并由公安机关交通管理部门吊销机动车驾驶证，终生不得重新取得机动车驾驶证。

第九十二条 公路客运车辆载客超过额定乘员的，处二百元以上五百元以下罚款；超过额定乘员百分之二十或者违反规定载货的，处五百元以上二千元以下罚款。

货运机动车超过核定载质量的，处二百元以上五百元以下罚款；超过核定载质量百分之三十或者违反规定载客的，处五百元以上二千元以下罚款。

有前两款行为的，由公安机关交通管理部门扣留机动车至违法状态消除。

运输单位的车辆有本条第一款、第二款规定的情形，经处罚不改的，对直接负责的主管人员处二千元以上五千元以下罚款。

第九十三条 对违反道路交通安全法律、法规关于机动车停放、临时停车规定的，可以指出违法行为，并予以口头警告，令其立即驶离。

机动车驾驶人不在现场或者虽在现场但拒绝立即驶离，妨碍其他车辆、行人通行的，处二十元以上二百元以下罚款，并可以将该机动车拖移至不妨碍交通的地点或者公安机关交通管理部门指定的地点停放。公安机关交通管理部门拖车不得向当事人收取费用，并应当及时告知当事人停放地点。

因采取不正确的方法拖车造成机动车损坏的，应当依法承担补偿责任。

第九十四条 机动车安全技术检验机构实施机动车安全技术检验超过国务院价格主管部门核定的收费标准收取费用的，退还多收取的费用，并由价格主管部门依照《中华人民共和国价格法》的有关规定给予处罚。

机动车安全技术检验机构不按照机动车国家安全技术标准进行检验，出具虚假检验结果的，由公安机关交通管理部门处所收检验费用五倍以上十倍以下罚款，并依法撤销其检验资格；构成犯罪的，依法追究刑事责任。

第九十五条 上道路行驶的机动车未悬挂机动车号牌，未放置检验合格标志、保险标志，或者未随车携带行驶证、驾驶证的，公安机关交通管理部门应当扣留机动车，通知当事人提供相应的牌证、标志或者补办相应手续，并可以依照本法第九十条的规定予以处罚。当事人提供相应的牌证、标志或者补办相应手续的，应当及时退还机动车。

故意遮挡、污损或者不按规定安装机动车号牌的，依照本法第九十条的规定予以处罚。

第九十六条 伪造、变造或者使用伪造、变造的机动车登记证书、号牌、行驶证、驾驶证的，由公安机关交通管理部门予以收缴，扣留该机动车，处十五日以下拘留，并处二千元以上五千元以下罚款；构成犯罪的，依法追究刑事责任。

伪造、变造或者使用伪造、变造的检验合格标志、保险标志的，由公安机关交通管理部门予以收缴，扣留该机动车，处十日以下拘留，并处一千元以上三千元以下罚款；构成犯罪的，依法追究刑事责任。

使用其他车辆的机动车登记证书、号牌、行驶证、检验合格标志、保险标志的，由公安机关交通管理部门予以收缴，扣留该机动车，处二千元以上五千元以下罚款。

当事人提供相应的合法证明或者补办相应手续的，应当及时退还机动车。

第九十七条 非法安装警报器、标志灯具的，由公安机关交通管理部门强制拆除，予以收缴，并处二百元以上二千元以下罚款。

第九十八条 机动车所有人、管理人未按照国家规定投保机动车第三者责任强制保险的，由公安机关交通管理部门扣留车辆至依照规定投保后，并处依照规定投保最低责任限额应缴纳的保险费的二倍罚款。

依照前款缴纳的罚款全部纳入道路交通事故社会救助基金。具体办法由国务院规定。

第九十九条 有下列行为之一的，由公安机关交通管理部门处二百元以上二千元以下罚款：

（一）未取得机动车驾驶证、机动车驾驶证被吊销或者机动车驾驶证被暂扣期间驾驶机动车的；

（二）将机动车交由未取得机动车驾驶证或者机动车驾驶证被吊销、暂扣的人驾驶的；

（三）造成交通事故后逃逸，尚不构成犯罪的；

（四）机动车行驶超过规定时速百分之五十的；

（五）强迫机动车驾驶人违反道路交通安全法律、法规和机动车安全驾驶要求驾驶机动车，造成交通事故，尚不构成犯罪的；

（六）违反交通管制的规定强行通行，不听劝阻的；

（七）故意损毁、移动、涂改交通设施，造成危害后果，尚不构成犯罪的；

（八）非法拦截、扣留机动车辆，不听劝阻，造成交通严重阻塞或者较大财产损失的。

行为人有前款第二项、第四项情形之一的，可以并处吊销机动车驾驶证；有第一项、第三项、第五项至第八项情形之一的，可以并处十五日以下拘留。

第一百条　驾驶拼装的机动车或者已达到报废标准的机动车上道路行驶的，公安机关交通管理部门应当予以收缴，强制报废。

对驾驶前款所列机动车上道路行驶的驾驶人，处二百元以上二千元以下罚款，并吊销机动车驾驶证。

出售已达到报废标准的机动车的，没收违法所得，处销售金额等额的罚款，对该机动车依照本条第一款的规定处理。

第一百零一条　违反道路交通安全法律、法规的规定，发生重大交通事故，构成犯罪的，依法追究刑事责任，并由公安机关交通管理部门吊销机动车驾驶证。

造成交通事故后逃逸的，由公安机关交通管理部门吊销机动车驾驶证，且终生不得重新取得机动车驾驶证。

第一百零二条　对六个月内发生二次以上特大交通事故负有主要责任或者全部责任的专业运输单位，由公安机关交通管理部门责令消除安全隐患，未消除安全隐患的机动车，禁止上道路行驶。

第一百零三条 国家机动车产品主管部门未按照机动车国家安全技术标准严格审查，许可不合格机动车型投入生产的，对负有责任的主管人员和其他直接责任人员给予降级或者撤职的行政处分。

机动车生产企业经国家机动车产品主管部门许可生产的机动车型，不执行机动车国家安全技术标准或者不严格进行机动车成品质量检验，致使质量不合格的机动车出厂销售的，由质量技术监督部门依照《中华人民共和国产品质量法》的有关规定给予处罚。

擅自生产、销售未经国家机动车产品主管部门许可生产的机动车型的，没收非法生产、销售的机动车成品及配件，可以并处非法产品价值三倍以上五倍以下罚款；有营业执照的，由工商行政管理部门吊销营业执照，没有营业执照的，予以查封。

生产、销售拼装的机动车或者生产、销售擅自改装的机动车的，依照本条第三款的规定处罚。

有本条第二款、第三款、第四款所列违法行为，生产或者销售不符合机动车国家安全技术标准的机动车，构成犯罪的，依法追究刑事责任。

第一百零四条 未经批准，擅自挖掘道路、占用道路施工或者从事其他影响道路交通安全活动的，由道路主管部门责令停止违法行为，并恢复原状，可以依法给予罚款；致使通行的人员、车辆及其他财产遭受损失的，依法承担赔偿责任。

有前款行为，影响道路交通安全活动的，公安机关交通管理部门可以责令停止违法行为，迅速恢复交通。

第一百零五条 道路施工作业或者道路出现损毁，未及时设置警示标志、未采取防护措施，或者应当设置交通信号灯、交通标志、交通标线而没有设置或者应当及时变更交通信号灯、交通标志、交通标线而没有及时变更，致使通行的人员、车辆及其他财产遭受损失的，负有相关职责的单位应当依法承担赔偿责任。

第一百零六条 在道路两侧及隔离带上种植树木、其他植物或者设置广告牌、管线等，遮挡路灯、交通信号灯、交通标志，妨碍安全视距的，由公安机关交通管理部门责令行为人排除妨碍；拒不执行的，处二百元以上二千元以下罚款，并强制排除妨碍，所需费用由行为人负担。

第一百零七条 对道路交通违法行为人予以警告、二百元以下罚款，交通警察可以当场作出行政处罚决定，并出具行政处罚决定书。

行政处罚决定书应当载明当事人的违法事实、行政处罚的依据、处罚内容、时间、地点以及处罚机关名称，并由执法人员签名或者盖章。

第一百零八条 当事人应当自收到罚款的行政处罚决定书之日起十五日内，到指定的银行缴纳罚款。

对行人、乘车人和非机动车驾驶人的罚款，当事人无异议的，可以当场予以收缴罚款。

罚款应当开具省、自治区、直辖市财政部门统一制发的罚款收据；不出具财政部门统一制发的罚款收据的，当事人有权拒绝缴纳罚款。

第一百零九条 当事人逾期不履行行政处罚决定的，作出行政处罚决定的行政机关可以采取下列措施：

（一）到期不缴纳罚款的，每日按罚款数额的百分之三加处罚款；

（二）申请人民法院强制执行。

第一百一十条 执行职务的交通警察认为应当对道路交通违法行为人给予暂扣或者吊销机动车驾驶证处罚的，可以先予扣留机动车驾驶证，并在二十四小时内将案件移交公安机关交通管理部门处理。

道路交通违法行为人应当在十五日内到公安机关交通管理部门接受处理。无正当理由逾期未接受处理的，吊销机动车驾驶证。

公安机关交通管理部门暂扣或者吊销机动车驾驶证的，应当出具行政处罚决定书。

第一百一十一条 对违反本法规定予以拘留的行政处罚，由县、市公安局、公安分局或者相当于县一级的公安机关裁决。

第一百一十二条 公安机关交通管理部门扣留机动车、非机动车，应当当场出具凭证，并告知当事人在规定期限内到公安机关交通管理部门接受处理。

公安机关交通管理部门对被扣留的车辆应当妥善保管，不得使用。

逾期不来接受处理，并且经公告三个月仍不来接受处理的，对扣留的车辆依法处理。

第一百一十三条 暂扣机动车驾驶证的期限从处罚决定生效之日起计算；

173

处罚决定生效前先予扣留机动车驾驶证的,扣留一日折抵暂扣期限一日。

吊销机动车驾驶证后重新申请领取机动车驾驶证的期限,按照机动车驾驶证管理规定办理。

第一百一十四条 公安机关交通管理部门根据交通技术监控记录资料,可以对违法的机动车所有人或者管理人依法予以处罚。对能够确定驾驶人的,可以依照本法的规定依法予以处罚。

第一百一十五条 交通警察有下列行为之一的,依法给予行政处分:

(一) 为不符合法定条件的机动车发放机动车登记证书、号牌、行驶证、检验合格标志的;

(二) 批准不符合法定条件的机动车安装、使用警车、消防车、救护车、工程救险车的警报器、标志灯具,喷涂标志图案的;

(三) 为不符合驾驶许可条件、未经考试或者考试不合格人员发放机动车驾驶证的;

(四) 不执行罚款决定与罚款收缴分离制度或者不按规定将依法收取的费用、收缴的罚款及没收的违法所得全部上缴国库的;

(五) 举办或者参与举办驾驶学校或者驾驶培训班、机动车修理厂或者收费停车场等经营活动的;

(六) 利用职务上的便利收受他人财物或者谋取其他利益的;

(七) 违法扣留车辆、机动车行驶证、驾驶证、车辆号牌的;

(八) 使用依法扣留的车辆的;

(九) 当场收取罚款不开具罚款收据或者不如实填写罚款额的;

(十) 徇私舞弊,不公正处理交通事故的;

(十一) 故意刁难,拖延办理机动车牌证的;

(十二) 非执行紧急任务时使用警报器、标志灯具的;

(十三) 违反规定拦截、检查正常行驶的车辆的;

(十四) 非执行紧急公务时拦截搭乘机动车的;

(十五) 不履行法定职责的。

公安机关交通管理部门有前款所列行为之一的,对直接负责的主管人员和其他直接责任人员给予相应的行政处分。

第一百一十六条 依照本法第一百一十五条的规定,给予交通警察行政

174

处分的，在作出行政处分决定前，可以停止其执行职务；必要时，可以予以禁闭。

依照本法第一百一十五条的规定，交通警察受到降级或者撤职行政处分的，可以予以辞退。

交通警察受到开除处分或者被辞退的，应当取消警衔；受到撤职以下行政处分的交通警察，应当降低警衔。

第一百一十七条 交通警察利用职权非法占有公共财物，索取、收受贿赂，或者滥用职权、玩忽职守，构成犯罪的，依法追究刑事责任。

第一百一十八条 公安机关交通管理部门及其交通警察有本法第一百一十五条所列行为之一，给当事人造成损失的，应当依法承担赔偿责任。

第八章　附　　则

第一百一十九条 本法中下列用语的含义：

（一）"道路"，是指公路、城市道路和虽在单位管辖范围但允许社会机动车通行的地方，包括广场、公共停车场等用于公众通行的场所。

（二）"车辆"，是指机动车和非机动车。

（三）"机动车"，是指以动力装置驱动或者牵引，上道路行驶的供人员乘用或者用于运送物品以及进行工程专项作业的轮式车辆。

（四）"非机动车"，是指以人力或者畜力驱动，上道路行驶的交通工具，以及虽有动力装置驱动但设计最高时速、空车质量、外形尺寸符合有关国家标准的残疾人机动轮椅车、电动自行车等交通工具。

（五）"交通事故"，是指车辆在道路上因过错或者意外造成的人身伤亡或者财产损失的事件。

第一百二十条 中国人民解放军和中国人民武装警察部队在编机动车牌证、在编机动车检验以及机动车驾驶人考核工作，由中国人民解放军、中国人民武装警察部队有关部门负责。

第一百二十一条 对上道路行驶的拖拉机，由农业（农业机械）主管部门行使本法第八条、第九条、第十三条、第十九条、第二十三条规定的公安机关交通管理部门的管理职权。

农业（农业机械）主管部门依照前款规定行使职权，应当遵守本法有关规定，并接受公安机关交通管理部门的监督；对违反规定的，依照本法有关规定追究法律责任。

本法施行前由农业（农业机械）主管部门发放的机动车牌证，在本法施行后继续有效。

第一百二十二条 国家对入境的境外机动车的道路交通安全实施统一管理。

第一百二十三条 省、自治区、直辖市人民代表大会常务委员会可以根据本地区的实际情况，在本法规定的罚款幅度内，规定具体的执行标准。

第一百二十四条 本法自 2004 年 5 月 1 日起施行。

附录二：

中华人民共和国道路交通安全法实施条例

（2004 年 4 月 28 日国务院第 49 次常务会议通过　2004 年 4 月 30 日中华人民共和国国务院令第 405 号公布　根据 2017 年 10 月 7 日《国务院关于修改部分行政法规的决定》修改）

第一章　总　　则

第一条　根据《中华人民共和国道路交通安全法》（以下简称道路交通安全法）的规定，制定本条例。

第二条　中华人民共和国境内的车辆驾驶人、行人、乘车人以及与道路交通活动有关的单位和个人，应当遵守道路交通安全法和本条例。

第三条　县级以上地方各级人民政府应当建立、健全道路交通安全工作协调机制，组织有关部门对城市建设项目进行交通影响评价，制定道路交通安全管理规划，确定管理目标，制定实施方案。

第二章　车辆和驾驶人

第一节　机　动　车

第四条　机动车的登记，分为注册登记、变更登记、转移登记、抵押登记和注销登记。

第五条　初次申领机动车号牌、行驶证的，应当向机动车所有人住所地的公安机关交通管理部门申请注册登记。

申请机动车注册登记，应当交验机动车，并提交以下证明、凭证：

（一）机动车所有人的身份证明；

（二）购车发票等机动车来历证明；

（三）机动车整车出厂合格证明或者进口机动车进口凭证；

（四）车辆购置税完税证明或者免税凭证；

（五）机动车第三者责任强制保险凭证；

（六）法律、行政法规规定应当在机动车注册登记时提交的其他证明、凭证。

不属于国务院机动车产品主管部门规定免予安全技术检验的车型的，还应当提供机动车安全技术检验合格证明。

第六条 已注册登记的机动车有下列情形之一的，机动车所有人应当向登记该机动车的公安机关交通管理部门申请变更登记：

（一）改变机动车车身颜色的；

（二）更换发动机的；

（三）更换车身或者车架的；

（四）因质量有问题，制造厂更换整车的；

（五）营运机动车改为非营运机动车或者非营运机动车改为营运机动车的；

（六）机动车所有人的住所迁出或者迁入公安机关交通管理部门管辖区域的。

申请机动车变更登记，应当提交下列证明、凭证，属于前款第（一）项、第（二）项、第（三）项、第（四）项、第（五）项情形之一的，还应当交验机动车；属于前款第（二）项、第（三）项情形之一的，还应当同时提交机动车安全技术检验合格证明：

（一）机动车所有人的身份证明；

（二）机动车登记证书；

（三）机动车行驶证。

机动车所有人的住所在公安机关交通管理部门管辖区域内迁移、机动车所有人的姓名（单位名称）或者联系方式变更的，应当向登记该机动车的公安机关交通管理部门备案。

第七条 已注册登记的机动车所有权发生转移的，应当及时办理转移登记。

申请机动车转移登记，当事人应当向登记该机动车的公安机关交通管理部门交验机动车，并提交以下证明、凭证：

（一）当事人的身份证明；

（二）机动车所有权转移的证明、凭证；

（三）机动车登记证书；

（四）机动车行驶证。

第八条 机动车所有人将机动车作为抵押物抵押的，机动车所有人应当向登记该机动车的公安机关交通管理部门申请抵押登记。

第九条 已注册登记的机动车达到国家规定的强制报废标准的，公安机关交通管理部门应当在报废期满的 2 个月前通知机动车所有人办理注销登记。机动车所有人应当在报废期满前将机动车交售给机动车回收企业，由机动车回收企业将报废的机动车登记证书、号牌、行驶证交公安机关交通管理部门注销。机动车所有人逾期不办理注销登记的，公安机关交通管理部门应当公告该机动车登记证书、号牌、行驶证作废。

因机动车灭失申请注销登记的，机动车所有人应当向公安机关交通管理部门提交本人身份证明，交回机动车登记证书。

第十条 办理机动车登记的申请人提交的证明、凭证齐全、有效的，公安机关交通管理部门应当当场办理登记手续。

人民法院、人民检察院以及行政执法部门依法查封、扣押的机动车，公安机关交通管理部门不予办理机动车登记。

第十一条 机动车登记证书、号牌、行驶证丢失或者损毁，机动车所有人申请补发的，应当向公安机关交通管理部门提交本人身份证明和申请材料。公安机关交通管理部门经与机动车登记档案核实后，在收到申请之日起 15 日内补发。

第十二条 税务部门、保险机构可以在公安机关交通管理部门的办公场所集中办理与机动车有关的税费缴纳、保险合同订立等事项。

第十三条 机动车号牌应当悬挂在车前、车后指定位置，保持清晰、完整。重型、中型载货汽车及其挂车、拖拉机及其挂车的车身或者车厢后部应当喷涂放大的牌号，字样应当端正并保持清晰。

机动车检验合格标志、保险标志应当粘贴在机动车前窗右上角。

机动车喷涂、粘贴标识或者车身广告的，不得影响安全驾驶。

第十四条 用于公路营运的载客汽车、重型载货汽车、半挂牵引车应当安装、使用符合国家标准的行驶记录仪。交通警察可以对机动车行驶速度、连续驾驶时间以及其他行驶状态信息进行检查。安装行驶记录仪可以分步实施，实施步骤由国务院机动车产品主管部门会同有关部门规定。

第十五条 机动车安全技术检验由机动车安全技术检验机构实施。机动车安全技术检验机构应当按照国家机动车安全技术检验标准对机动车进行检验，对检验结果承担法律责任。

质量技术监督部门负责对机动车安全技术检验机构实行计量认证管理，对机动车安全技术检验设备进行检定，对执行国家机动车安全技术检验标准的情况进行监督。

机动车安全技术检验项目由国务院公安部门会同国务院质量技术监督部门规定。

第十六条 机动车应当从注册登记之日起，按照下列期限进行安全技术检验：

（一）营运载客汽车5年以内每年检验1次；超过5年的，每6个月检验1次；

（二）载货汽车和大型、中型非营运载客汽车10年以内每年检验1次；超过10年的，每6个月检验1次；

（三）小型、微型非营运载客汽车6年以内每2年检验1次；超过6年的，每年检验1次；超过15年的，每6个月检验1次；

（四）摩托车4年以内每2年检验1次；超过4年的，每年检验1次；

（五）拖拉机和其他机动车每年检验1次。

营运机动车在规定检验期限内经安全技术检验合格的，不再重复进行安全技术检验。

第十七条 已注册登记的机动车进行安全技术检验时，机动车行驶证记载的登记内容与该机动车的有关情况不符，或者未按照规定提供机动车第三者责任强制保险凭证的，不予通过检验。

第十八条 警车、消防车、救护车、工程救险车标志图案的喷涂以及警报器、标志灯具的安装、使用规定，由国务院公安部门制定。

第二节 机动车驾驶人

第十九条 符合国务院公安部门规定的驾驶许可条件的人，可以向公安机关交通管理部门申请机动车驾驶证。

机动车驾驶证由国务院公安部门规定式样并监制。

第二十条 学习机动车驾驶，应当先学习道路交通安全法律、法规和相关知识，考试合格后，再学习机动车驾驶技能。

在道路上学习驾驶，应当按照公安机关交通管理部门指定的路线、时间进行。在道路上学习机动车驾驶技能应当使用教练车，在教练员随车指导下进行，与教学无关的人员不得乘坐教练车。学员在学习驾驶中有道路交通安全违法行为或者造成交通事故的，由教练员承担责任。

第二十一条 公安机关交通管理部门应当对申请机动车驾驶证的人进行考试，对考试合格的，在5日内核发机动车驾驶证；对考试不合格的，书面说明理由。

第二十二条 机动车驾驶证的有效期为6年，本条例另有规定的除外。

机动车驾驶人初次申领机动车驾驶证后的12个月为实习期。在实习期内驾驶机动车的，应当在车身后部粘贴或者悬挂统一式样的实习标志。

机动车驾驶人在实习期内不得驾驶公共汽车、营运客车或者执行任务的警车、消防车、救护车、工程救险车以及载有爆炸物品、易燃易爆化学物品、剧毒或者放射性等危险物品的机动车；驾驶的机动车不得牵引挂车。

第二十三条 公安机关交通管理部门对机动车驾驶人的道路交通安全违法行为除给予行政处罚外，实行道路交通安全违法行为累积记分（以下简称记分）制度，记分周期为12个月。对在一个记分周期内记分达到12分的，由公安机关交通管理部门扣留其机动车驾驶证，该机动车驾驶人应当按照规定参加道路交通安全法律、法规的学习并接受考试。考试合格的，记分予以清除，发还机动车驾驶证；考试不合格的，继续参加学习和考试。

应当给予记分的道路交通安全违法行为及其分值，由国务院公安部门根据道路交通安全违法行为的危害程度规定。

公安机关交通管理部门应当提供记分查询方式供机动车驾驶人查询。

第二十四条 机动车驾驶人在一个记分周期内记分未达到12分，所处罚款已经缴纳的，记分予以清除；记分虽未达到 12 分，但尚有罚款未缴纳的，记分转入下一记分周期。

机动车驾驶人在一个记分周期内记分 2 次以上达到 12 分的，除按照第二十三条的规定扣留机动车驾驶证、参加学习、接受考试外，还应当接受驾驶技能考试。考试合格的，记分予以清除，发还机动车驾驶证；考试不合格的，继续参加学习和考试。

接受驾驶技能考试的，按照本人机动车驾驶证载明的最高准驾车型考试。

第二十五条 机动车驾驶人记分达到 12 分，拒不参加公安机关交通管理部门通知的学习，也不接受考试的，由公安机关交通管理部门公告其机动车驾驶证停止使用。

第二十六条 机动车驾驶人在机动车驾驶证的 6 年有效期内，每个记分周期均未达到 12 分的，换发 10 年有效期的机动车驾驶证；在机动车驾驶证的 10 年有效期内，每个记分周期均未达到 12 分的，换发长期有效的机动车驾驶证。

换发机动车驾驶证时，公安机关交通管理部门应当对机动车驾驶证进行审验。

第二十七条 机动车驾驶证丢失、损毁，机动车驾驶人申请补发的，应当向公安机关交通管理部门提交本人身份证明和申请材料。公安机关交通管理部门经与机动车驾驶证档案核实后，在收到申请之日起 3 日内补发。

第二十八条 机动车驾驶人在机动车驾驶证丢失、损毁、超过有效期或者被依法扣留、暂扣期间以及记分达到 12 分的，不得驾驶机动车。

第三章 道路通行条件

第二十九条 交通信号灯分为：机动车信号灯、非机动车信号灯、人行横道信号灯、车道信号灯、方向指示信号灯、闪光警告信号灯、道路与铁路平面交叉道口信号灯。

第三十条 交通标志分为：指示标志、警告标志、禁令标志、指路标志、旅游区标志、道路施工安全标志和辅助标志。

道路交通标线分为：指示标线、警告标线、禁止标线。

第三十一条 交通警察的指挥分为：手势信号和使用器具的交通指挥信号。

第三十二条 道路交叉路口和行人横过道路较为集中的路段应当设置人行横道、过街天桥或者过街地下通道。

在盲人通行较为集中的路段，人行横道信号灯应当设置声响提示装置。

第三十三条 城市人民政府有关部门可以在不影响行人、车辆通行的情况下，在城市道路上施划停车泊位，并规定停车泊位的使用时间。

第三十四条 开辟或者调整公共汽车、长途汽车的行驶路线或者车站，应当符合交通规划和安全、畅通的要求。

第三十五条 道路养护施工单位在道路上进行养护、维修时，应当按照规定设置规范的安全警示标志和安全防护设施。道路养护施工作业车辆、机械应当安装示警灯，喷涂明显的标志图案，作业时应当开启示警灯和危险报警闪光灯。对未中断交通的施工作业道路，公安机关交通管理部门应当加强交通安全监督检查。发生交通阻塞时，及时做好分流、疏导，维护交通秩序。

道路施工需要车辆绕行的，施工单位应当在绕行处设置标志；不能绕行的，应当修建临时通道，保证车辆和行人通行。需要封闭道路中断交通的，除紧急情况外，应当提前5日向社会公告。

第三十六条 道路或者交通设施养护部门、管理部门应当在急弯、陡坡、临崖、临水等危险路段，按照国家标准设置警告标志和安全防护设施。

第三十七条 道路交通标志、标线不规范，机动车驾驶人容易发生辨认错误的，交通标志、标线的主管部门应当及时予以改善。

道路照明设施应当符合道路建设技术规范，保持照明功能完好。

第四章　道路通行规定

第一节　一般规定

第三十八条 机动车信号灯和非机动车信号灯表示：

（一）绿灯亮时，准许车辆通行，但转弯的车辆不得妨碍被放行的直行车辆、行人通行；

（二）黄灯亮时，已越过停止线的车辆可以继续通行；

（三）红灯亮时，禁止车辆通行。

在未设置非机动车信号灯和人行横道信号灯的路口，非机动车和行人应当按照机动车信号灯的表示通行。

红灯亮时，右转弯的车辆在不妨碍被放行的车辆、行人通行的情况下，可以通行。

第三十九条 人行横道信号灯表示：

（一）绿灯亮时，准许行人通过人行横道；

（二）红灯亮时，禁止行人进入人行横道，但是已经进入人行横道的，可以继续通过或者在道路中心线处停留等候。

第四十条 车道信号灯表示：

（一）绿色箭头灯亮时，准许本车道车辆按指示方向通行；

（二）红色叉形灯或者箭头灯亮时，禁止本车道车辆通行。

第四十一条 方向指示信号灯的箭头方向向左、向上、向右分别表示左转、直行、右转。

第四十二条 闪光警告信号灯为持续闪烁的黄灯，提示车辆、行人通行时注意瞭望，确认安全后通过。

第四十三条 道路与铁路平面交叉道口有两个红灯交替闪烁或者一个红灯亮时，表示禁止车辆、行人通行；红灯熄灭时，表示允许车辆、行人通行。

第二节 机动车通行规定

第四十四条 在道路同方向划有 2 条以上机动车道的，左侧为快速车道，右侧为慢速车道。在快速车道行驶的机动车应当按照快速车道规定的速度行驶，未达到快速车道规定的行驶速度的，应当在慢速车道行驶。摩托车应当在最右侧车道行驶。有交通标志标明行驶速度的，按照标明的行驶速度行驶。慢速车道内的机动车超越前车时，可以借用快速车道行驶。

在道路同方向划有 2 条以上机动车道的，变更车道的机动车不得影响相关车道内行驶的机动车的正常行驶。

第四十五条 机动车在道路上行驶不得超过限速标志、标线标明的速度。在没有限速标志、标线的道路上，机动车不得超过下列最高行驶速度：

（一）没有道路中心线的道路，城市道路为每小时 30 公里，公路为每小时 40 公里；

（二）同方向只有 1 条机动车道的道路，城市道路为每小时 50 公里，公路为每小时 70 公里。

第四十六条　机动车行驶中遇有下列情形之一的，最高行驶速度不得超过每小时 30 公里，其中拖拉机、电瓶车、轮式专用机械车不得超过每小时 15 公里：

（一）进出非机动车道，通过铁路道口、急弯路、窄路、窄桥时；

（二）掉头、转弯、下陡坡时；

（三）遇雾、雨、雪、沙尘、冰雹，能见度在 50 米以内时；

（四）在冰雪、泥泞的道路上行驶时；

（五）牵引发生故障的机动车时。

第四十七条　机动车超车时，应当提前开启左转向灯、变换使用远、近光灯或者鸣喇叭。在没有道路中心线或者同方向只有 1 条机动车道的道路上，前车遇后车发出超车信号时，在条件许可的情况下，应当降低速度、靠右让路。后车应当在确认有充足的安全距离后，从前车的左侧超越，在与被超车辆拉开必要的安全距离后，开启右转向灯，驶回原车道。

第四十八条　在没有中心隔离设施或者没有中心线的道路上，机动车遇相对方向来车时应当遵守下列规定：

（一）减速靠右行驶，并与其他车辆、行人保持必要的安全距离；

（二）在有障碍的路段，无障碍的一方先行；但有障碍的一方已驶入障碍路段而无障碍的一方未驶入时，有障碍的一方先行；

（三）在狭窄的坡路，上坡的一方先行；但下坡的一方已行至中途而上坡的一方未上坡时，下坡的一方先行；

（四）在狭窄的山路，不靠山体的一方先行；

（五）夜间会车应当在距相对方向来车 150 米以外改用近光灯，在窄路、窄桥与非机动车会车时应当使用近光灯。

第四十九条　机动车在有禁止掉头或者禁止左转弯标志、标线的地点以及在铁路道口、人行横道、桥梁、急弯、陡坡、隧道或者容易发生危险的路段，不得掉头。

机动车在没有禁止掉头或者没有禁止左转弯标志、标线的地点可以掉头，但不得妨碍正常行驶的其他车辆和行人的通行。

第五十条 机动车倒车时，应当察明车后情况，确认安全后倒车。不得在铁路道口、交叉路口、单行路、桥梁、急弯、陡坡或者隧道中倒车。

第五十一条 机动车通过有交通信号灯控制的交叉路口，应当按照下列规定通行：

（一）在划有导向车道的路口，按所需行进方向驶入导向车道；

（二）准备进入环形路口的让已在路口内的机动车先行；

（三）向左转弯时，靠路口中心点左侧转弯。转弯时开启转向灯，夜间行驶开启近光灯；

（四）遇放行信号时，依次通过；

（五）遇停止信号时，依次停在停止线以外。没有停止线的，停在路口以外；

（六）向右转弯遇有同车道前车正在等候放行信号时，依次停车等候；

（七）在没有方向指示信号灯的交叉路口，转弯的机动车让直行的车辆、行人先行。相对方向行驶的右转弯机动车让左转弯车辆先行。

第五十二条 机动车通过没有交通信号灯控制也没有交通警察指挥的交叉路口，除应当遵守第五十一条第（二）项、第（三）项的规定外，还应当遵守下列规定：

（一）有交通标志、标线控制的，让优先通行的一方先行；

（二）没有交通标志、标线控制的，在进入路口前停车瞭望，让右方道路的来车先行；

（三）转弯的机动车让直行的车辆先行；

（四）相对方向行驶的右转弯的机动车让左转弯的车辆先行。

第五十三条 机动车遇有前方交叉路口交通阻塞时，应当依次停在路口以外等候，不得进入路口。

机动车在遇有前方机动车停车排队等候或者缓慢行驶时，应当依次排队，不得从前方车辆两侧穿插或者超越行驶，不得在人行横道、网状线区域内停车等候。

机动车在车道减少的路口、路段，遇有前方机动车停车排队等候或者缓慢行驶的，应当每车道一辆依次交替驶入车道减少后的路口、路段。

第五十四条　机动车载物不得超过机动车行驶证上核定的载质量，装载长度、宽度不得超出车厢，并应当遵守下列规定：

（一）重型、中型载货汽车，半挂车载物，高度从地面起不得超过4米，载运集装箱的车辆不得超过4.2米；

（二）其他载货的机动车载物，高度从地面起不得超过2.5米；

（三）摩托车载物，高度从地面起不得超过1.5米，长度不得超出车身0.2米。两轮摩托车载物宽度左右各不得超出车把0.15米；三轮摩托车载物宽度不得超过车身。

载客汽车除车身外部的行李架和内置的行李箱外，不得载货。载客汽车行李架载货，从车顶起高度不得超过0.5米，从地面起高度不得超过4米。

第五十五条　机动车载人应当遵守下列规定：

（一）公路载客汽车不得超过核定的载客人数，但按照规定免票的儿童除外，在载客人数已满的情况下，按照规定免票的儿童不得超过核定载客人数的10%；

（二）载货汽车车厢不得载客。在城市道路上，货运机动车在留有安全位置的情况下，车厢内可以附载临时作业人员1人至5人；载物高度超过车厢栏板时，货物上不得载人；

（三）摩托车后座不得乘坐未满12周岁的未成年人，轻便摩托车不得载人。

第五十六条　机动车牵引挂车应当符合下列规定：

（一）载货汽车、半挂牵引车、拖拉机只允许牵引1辆挂车。挂车的灯光信号、制动、连接、安全防护等装置应当符合国家标准；

（二）小型载客汽车只允许牵引旅居挂车或者总质量700千克以下的挂车。挂车不得载人；

（三）载货汽车所牵引挂车的载质量不得超过载货汽车本身的载质量。

大型、中型载客汽车，低速载货汽车，三轮汽车以及其他机动车不得牵引挂车。

第五十七条　机动车应当按照下列规定使用转向灯：

（一）向左转弯、向左变更车道、准备超车、驶离停车地点或者掉头时，应当提前开启左转向灯；

（二）向右转弯、向右变更车道、超车完毕驶回原车道、靠路边停车时，应当提前开启右转向灯。

第五十八条 机动车在夜间没有路灯、照明不良或者遇有雾、雨、雪、沙尘、冰雹等低能见度情况下行驶时，应当开启前照灯、示廓灯和后位灯，但同方向行驶的后车与前车近距离行驶时，不得使用远光灯。机动车雾天行驶应当开启雾灯和危险报警闪光灯。

第五十九条 机动车在夜间通过急弯、坡路、拱桥、人行横道或者没有交通信号灯控制的路口时，应当交替使用远近光灯示意。

机动车驶近急弯、坡道顶端等影响安全视距的路段以及超车或者遇有紧急情况时，应当减速慢行，并鸣喇叭示意。

第六十条 机动车在道路上发生故障或者发生交通事故，妨碍交通又难以移动的，应当按照规定开启危险报警闪光灯并在车后50米至100米处设置警告标志，夜间还应当同时开启示廓灯和后位灯。

第六十一条 牵引故障机动车应当遵守下列规定：

（一）被牵引的机动车除驾驶人外不得载人，不得拖带挂车；

（二）被牵引的机动车宽度不得大于牵引机动车的宽度；

（三）使用软连接牵引装置时，牵引车与被牵引车之间的距离应当大于4米小于10米；

（四）对制动失效的被牵引车，应当使用硬连接牵引装置牵引；

（五）牵引车和被牵引车均应当开启危险报警闪光灯。

汽车吊车和轮式专用机械车不得牵引车辆。摩托车不得牵引车辆或者被其他车辆牵引。

转向或者照明、信号装置失效的故障机动车，应当使用专用清障车拖曳。

第六十二条 驾驶机动车不得有下列行为：

（一）在车门、车厢没有关好时行车；

（二）在机动车驾驶室的前后窗范围内悬挂、放置妨碍驾驶人视线的物品；

（三）拨打接听手持电话、观看电视等妨碍安全驾驶的行为；

（四）下陡坡时熄火或者空挡滑行；

（五）向道路上抛撒物品；

（六）驾驶摩托车手离车把或者在车把上悬挂物品；

（七）连续驾驶机动车超过 4 小时未停车休息或者停车休息时间少于 20 分钟；

（八）在禁止鸣喇叭的区域或者路段鸣喇叭。

第六十三条 机动车在道路上临时停车，应当遵守下列规定：

（一）在设有禁停标志、标线的路段，在机动车道与非机动车道、人行道之间设有隔离设施的路段以及人行横道、施工地段，不得停车；

（二）交叉路口、铁路道口、急弯路、宽度不足 4 米的窄路、桥梁、陡坡、隧道以及距离上述地点 50 米以内的路段，不得停车；

（三）公共汽车站、急救站、加油站、消防栓或者消防队（站）门前以及距离上述地点 30 米以内的路段，除使用上述设施的以外，不得停车；

（四）车辆停稳前不得开车门和上下人员，开关车门不得妨碍其他车辆和行人通行；

（五）路边停车应当紧靠道路右侧，机动车驾驶人不得离车，上下人员或者装卸物品后，立即驶离；

（六）城市公共汽车不得在站点以外的路段停车上下乘客。

第六十四条 机动车行经漫水路或者漫水桥时，应当停车察明水情，确认安全后，低速通过。

第六十五条 机动车载运超限物品行经铁路道口的，应当按照当地铁路部门指定的铁路道口、时间通过。

机动车行经渡口，应当服从渡口管理人员指挥，按照指定地点依次待渡。机动车上下渡船时，应当低速慢行。

第六十六条 警车、消防车、救护车、工程救险车在执行紧急任务遇交通受阻时，可以断续使用警报器，并遵守下列规定：

（一）不得在禁止使用警报器的区域或者路段使用警报器；

（二）夜间在市区不得使用警报器；

（三）列队行驶时，前车已经使用警报器的，后车不再使用警报器。

第六十七条 在单位院内、居民居住区内，机动车应当低速行驶，避让行人；有限速标志的，按照限速标志行驶。

第三节　非机动车通行规定

第六十八条　非机动车通过有交通信号灯控制的交叉路口，应当按照下列规定通行：

（一）转弯的非机动车让直行的车辆、行人优先通行；

（二）遇有前方路口交通阻塞时，不得进入路口；

（三）向左转弯时，靠路口中心点的右侧转弯；

（四）遇有停止信号时，应当依次停在路口停止线以外。没有停止线的，停在路口以外；

（五）向右转弯遇有同方向前车正在等候放行信号时，在本车道内能够转弯的，可以通行；不能转弯的，依次等候。

第六十九条　非机动车通过没有交通信号灯控制也没有交通警察指挥的交叉路口，除应当遵守第六十八条第（一）项、第（二）项和第（三）项的规定外，还应当遵守下列规定：

（一）有交通标志、标线控制的，让优先通行的一方先行；

（二）没有交通标志、标线控制的，在路口外慢行或者停车瞭望，让右方道路的来车先行；

（三）相对方向行驶的右转弯的非机动车让左转弯的车辆先行。

第七十条　驾驶自行车、电动自行车、三轮车在路段上横过机动车道，应当下车推行，有人行横道或者行人过街设施的，应当从人行横道或者行人过街设施通过；没有人行横道、没有行人过街设施或者不便使用行人过街设施的，在确认安全后直行通过。

因非机动车道被占用无法在本车道内行驶的非机动车，可以在受阻的路段借用相邻的机动车道行驶，并在驶过被占用路段后迅速驶回非机动车道。机动车遇此情况应当减速让行。

第七十一条　非机动车载物，应当遵守下列规定：

（一）自行车、电动自行车、残疾人机动轮椅车载物，高度从地面起不得超过1.5米，宽度左右各不得超出车把0.15米，长度前端不得超出车轮，后端不得超出车身0.3米；

（二）三轮车、人力车载物，高度从地面起不得超过2米，宽度左右各不得超出车身0.2米，长度不得超出车身1米；

（三）畜力车载物，高度从地面起不得超过2.5米，宽度左右各不得超出车身0.2米，长度前端不得超出车辕，后端不得超出车身1米。

自行车载人的规定，由省、自治区、直辖市人民政府根据当地实际情况制定。

第七十二条 在道路上驾驶自行车、三轮车、电动自行车、残疾人机动轮椅车应当遵守下列规定：

（一）驾驶自行车、三轮车必须年满12周岁；

（二）驾驶电动自行车和残疾人机动轮椅车必须年满16周岁；

（三）不得醉酒驾驶；

（四）转弯前应当减速慢行，伸手示意，不得突然猛拐，超越前车时不得妨碍被超越的车辆行驶；

（五）不得牵引、攀扶车辆或者被其他车辆牵引，不得双手离把或者手中持物；

（六）不得扶身并行、互相追逐或者曲折竞驶；

（七）不得在道路上骑独轮自行车或者2人以上骑行的自行车；

（八）非下肢残疾的人不得驾驶残疾人机动轮椅车；

（九）自行车、三轮车不得加装动力装置；

（十）不得在道路上学习驾驶非机动车。

第七十三条 在道路上驾驭畜力车应当年满16周岁，并遵守下列规定：

（一）不得醉酒驾驭；

（二）不得并行，驾驭人不得离开车辆；

（三）行经繁华路段、交叉路口、铁路道口、人行横道、急弯路、宽度不足4米的窄路或者窄桥、陡坡、隧道或者容易发生危险的路段，不得超车。驾驭两轮畜力车应当下车牵引牲畜；

（四）不得使用未经驯服的牲畜驾车，随车幼畜须拴系；

（五）停放车辆应当拉紧车闸，拴系牲畜。

第四节　行人和乘车人通行规定

第七十四条 行人不得有下列行为：

（一）在道路上使用滑板、旱冰鞋等滑行工具；

（二）在车行道内坐卧、停留、嬉闹；

（三）追车、抛物击车等妨碍道路交通安全的行为。

第七十五条 行人横过机动车道，应当从行人过街设施通过；没有行人过街设施的，应当从人行横道通过；没有人行横道的，应当观察来往车辆的情况，确认安全后直行通过，不得在车辆临近时突然加速横穿或者中途倒退、折返。

第七十六条 行人列队在道路上通行，每横列不得超过 2 人，但在已经实行交通管制的路段不受限制。

第七十七条 乘坐机动车应当遵守下列规定：

（一）不得在机动车道上拦乘机动车；

（二）在机动车道上不得从机动车左侧上下车；

（三）开关车门不得妨碍其他车辆和行人通行；

（四）机动车行驶中，不得干扰驾驶，不得将身体任何部分伸出车外，不得跳车；

（五）乘坐两轮摩托车应当正向骑坐。

第五节　高速公路的特别规定

第七十八条 高速公路应当标明车道的行驶速度，最高车速不得超过每小时 120 公里，最低车速不得低于每小时 60 公里。

在高速公路上行驶的小型载客汽车最高车速不得超过每小时 120 公里，其他机动车不得超过每小时 100 公里，摩托车不得超过每小时 80 公里。

同方向有 2 条车道的，左侧车道的最低车速为每小时 100 公里；同方向有 3 条以上车道的，最左侧车道的最低车速为每小时 110 公里，中间车道的最低车速为每小时 90 公里。道路限速标志标明的车速与上述车道行驶车速的规定不一致的，按照道路限速标志标明的车速行驶。

第七十九条 机动车从匝道驶入高速公路，应当开启左转向灯，在不妨碍已在高速公路内的机动车正常行驶的情况下驶入车道。

机动车驶离高速公路时，应当开启右转向灯，驶入减速车道，降低车速后驶离。

第八十条 机动车在高速公路上行驶，车速超过每小时 100 公里时，应当与同车道前车保持 100 米以上的距离，车速低于每小时 100 公里时，与同车道前车距离可以适当缩短，但最小距离不得少于 50 米。

第八十一条 机动车在高速公路上行驶，遇有雾、雨、雪、沙尘、冰雹等低能见度气象条件时，应当遵守下列规定：

（一）能见度小于 200 米时，开启雾灯、近光灯、示廓灯和前后位灯，车速不得超过每小时 60 公里，与同车道前车保持 100 米以上的距离；

（二）能见度小于 100 米时，开启雾灯、近光灯、示廓灯、前后位灯和危险报警闪光灯，车速不得超过每小时 40 公里，与同车道前车保持 50 米以上的距离；

（三）能见度小于 50 米时，开启雾灯、近光灯、示廓灯、前后位灯和危险报警闪光灯，车速不得超过每小时 20 公里，并从最近的出口尽快驶离高速公路。

遇有前款规定情形时，高速公路管理部门应当通过显示屏等方式发布速度限制、保持车距等提示信息。

第八十二条 机动车在高速公路上行驶，不得有下列行为：

（一）倒车、逆行、穿越中央分隔带掉头或者在车道内停车；

（二）在匝道、加速车道或者减速车道上超车；

（三）骑、轧车行道分界线或者在路肩上行驶；

（四）非紧急情况时在应急车道行驶或者停车；

（五）试车或者学习驾驶机动车。

第八十三条 在高速公路上行驶的载货汽车车厢不得载人。两轮摩托车在高速公路行驶时不得载人。

第八十四条 机动车通过施工作业路段时，应当注意警示标志，减速行驶。

第八十五条 城市快速路的道路交通安全管理，参照本节的规定执行。

高速公路、城市快速路的道路交通安全管理工作，省、自治区、直辖市人民政府公安机关交通管理部门可以指定设区的市人民政府公安机关交通管理部门或者相当于同级的公安机关交通管理部门承担。

第五章　交通事故处理

第八十六条　机动车与机动车、机动车与非机动车在道路上发生未造成人身伤亡的交通事故，当事人对事实及成因无争议的，在记录交通事故的时间、地点、对方当事人的姓名和联系方式、机动车牌号、驾驶证号、保险凭证号、碰撞部位，并共同签名后，撤离现场，自行协商损害赔偿事宜。当事人对交通事故事实及成因有争议的，应当迅速报警。

第八十七条　非机动车与非机动车或者行人在道路上发生交通事故，未造成人身伤亡，且基本事实及成因清楚的，当事人应当先撤离现场，再自行协商处理损害赔偿事宜。当事人对交通事故事实及成因有争议的，应当迅速报警。

第八十八条　机动车发生交通事故，造成道路、供电、通讯等设施损毁的，驾驶人应当报警等候处理，不得驶离。机动车可以移动的，应当将机动车移至不妨碍交通的地点。公安机关交通管理部门应当将事故有关情况通知有关部门。

第八十九条　公安机关交通管理部门或者交通警察接到交通事故报警，应当及时赶赴现场，对未造成人身伤亡，事实清楚，并且机动车可以移动的，应当在记录事故情况后责令当事人撤离现场，恢复交通。对拒不撤离现场的，予以强制撤离。

对属于前款规定情况的道路交通事故，交通警察可以适用简易程序处理，并当场出具事故认定书。当事人共同请求调解的，交通警察可以当场对损害赔偿争议进行调解。

对道路交通事故造成人员伤亡和财产损失需要勘验、检查现场的，公安机关交通管理部门应当按照勘查现场工作规范进行。现场勘查完毕，应当组织清理现场，恢复交通。

第九十条　投保机动车第三者责任强制保险的机动车发生交通事故，因抢救受伤人员需要保险公司支付抢救费用的，由公安机关交通管理部门通知保险公司。

抢救受伤人员需要道路交通事故救助基金垫付费用的，由公安机关交通管理部门通知道路交通事故社会救助基金管理机构。

第九十一条　公安机关交通管理部门应当根据交通事故当事人的行为对发生交通事故所起的作用以及过错的严重程度，确定当事人的责任。

第九十二条　发生交通事故后当事人逃逸的，逃逸的当事人承担全部责任。但是，有证据证明对方当事人也有过错的，可以减轻责任。

当事人故意破坏、伪造现场、毁灭证据的，承担全部责任。

第九十三条　公安机关交通管理部门对经过勘验、检查现场的交通事故应当在勘查现场之日起 10 日内制作交通事故认定书。对需要进行检验、鉴定的，应当在检验、鉴定结果确定之日起 5 日内制作交通事故认定书。

第九十四条　当事人对交通事故损害赔偿有争议，各方当事人一致请求公安机关交通管理部门调解的，应当在收到交通事故认定书之日起 10 日内提出书面调解申请。

对交通事故致死的，调解从办理丧葬事宜结束之日起开始；对交通事故致伤的，调解从治疗终结或者定残之日起开始；对交通事故造成财产损失的，调解从确定损失之日起开始。

第九十五条　公安机关交通管理部门调解交通事故损害赔偿争议的期限为 10 日。调解达成协议的，公安机关交通管理部门应当制作调解书送交各方当事人，调解书经各方当事人共同签字后生效；调解未达成协议的，公安机关交通管理部门应当制作调解终结书送交各方当事人。

交通事故损害赔偿项目和标准依照有关法律的规定执行。

第九十六条　对交通事故损害赔偿的争议，当事人向人民法院提起民事诉讼的，公安机关交通管理部门不再受理调解申请。

公安机关交通管理部门调解期间，当事人向人民法院提起民事诉讼的，调解终止。

第九十七条　车辆在道路以外发生交通事故，公安机关交通管理部门接到报案的，参照道路交通安全法和本条例的规定处理。

车辆、行人与火车发生的交通事故以及在渡口发生的交通事故，依照国家有关规定处理。

第六章 执 法 监 督

第九十八条 公安机关交通管理部门应当公开办事制度、办事程序，建立警风警纪监督员制度，自觉接受社会和群众的监督。

第九十九条 公安机关交通管理部门及其交通警察办理机动车登记，发放号牌，对驾驶人考试、发证，处理道路交通安全违法行为，处理道路交通事故，应当严格遵守有关规定，不得越权执法，不得延迟履行职责，不得擅自改变处罚的种类和幅度。

第一百条 公安机关交通管理部门应当公布举报电话，受理群众举报投诉，并及时调查核实，反馈查处结果。

第一百零一条 公安机关交通管理部门应当建立执法质量考核评议、执法责任制和执法过错追究制度，防止和纠正道路交通安全执法中的错误或者不当行为。

第七章 法 律 责 任

第一百零二条 违反本条例规定的行为，依照道路交通安全法和本条例的规定处罚。

第一百零三条 以欺骗、贿赂等不正当手段取得机动车登记或者驾驶许可的，收缴机动车登记证书、号牌、行驶证或者机动车驾驶证，撤销机动车登记或者机动车驾驶许可；申请人在3年内不得申请机动车登记或者机动车驾驶许可。

第一百零四条 机动车驾驶人有下列行为之一，又无其他机动车驾驶人即时替代驾驶的，公安机关交通管理部门除依法给予处罚外，可以将其驾驶的机动车移至不妨碍交通的地点或者有关部门指定的地点停放：

（一）不能出示本人有效驾驶证的；

（二）驾驶的机动车与驾驶证载明的准驾车型不符的；

（三）饮酒、服用国家管制的精神药品或者麻醉药品、患有妨碍安全驾驶的疾病，或者过度疲劳仍继续驾驶的；

（四）学习驾驶人员没有教练人员随车指导单独驾驶的。

第一百零五条　机动车驾驶人有饮酒、醉酒、服用国家管制的精神药品或者麻醉药品嫌疑的，应当接受测试、检验。

第一百零六条　公路客运载客汽车超过核定乘员、载货汽车超过核定载质量的，公安机关交通管理部门依法扣留机动车后，驾驶人应当将超载的乘车人转运、将超载的货物卸载，费用由超载机动车的驾驶人或者所有人承担。

第一百零七条　依照道路交通安全法第九十二条、第九十五条、第九十六条、第九十八条的规定被扣留的机动车，驾驶人或者所有人、管理人30日内没有提供被扣留机动车的合法证明，没有补办相应手续，或者不前来接受处理，经公安机关交通管理部门通知并且经公告3个月仍不前来接受处理的，由公安机关交通管理部门将该机动车送交有资格的拍卖机构拍卖，所得价款上缴国库；非法拼装的机动车予以拆除；达到报废标准的机动车予以报废；机动车涉及其他违法犯罪行为的，移交有关部门处理。

第一百零八条　交通警察按照简易程序当场作出行政处罚的，应当告知当事人道路交通安全违法行为的事实、处罚的理由和依据，并将行政处罚决定书当场交付被处罚人。

第一百零九条　对道路交通安全违法行为人处以罚款或者暂扣驾驶证处罚的，由违法行为发生地的县级以上人民政府公安机关交通管理部门或者相当于同级的公安机关交通管理部门作出决定；对处以吊销机动车驾驶证处罚的，由设区的市人民政府公安机关交通管理部门或者相当于同级的公安机关交通管理部门作出决定。

公安机关交通管理部门对非本辖区机动车的道路交通安全违法行为没有当场处罚的，可以由机动车登记地的公安机关交通管理部门处罚。

第一百一十条　当事人对公安机关交通管理部门及其交通警察的处罚有权进行陈述和申辩，交通警察应当充分听取当事人的陈述和申辩，不得因当事人陈述、申辩而加重其处罚。

第八章　附　　则

第一百一十一条　本条例所称上道路行驶的拖拉机，是指手扶拖拉机等最高设计行驶速度不超过每小时 20 公里的轮式拖拉机和最高设计行驶速度不超过每小时 40 公里、牵引挂车方可从事道路运输的轮式拖拉机。

第一百一十二条 农业（农业机械）主管部门应当定期向公安机关交通管理部门提供拖拉机登记、安全技术检验以及拖拉机驾驶证发放的资料、数据。公安机关交通管理部门对拖拉机驾驶人作出暂扣、吊销驾驶证处罚或者记分处理的，应当定期将处罚决定书和记分情况通报有关的农业（农业机械）主管部门。吊销驾驶证的，还应当将驾驶证送交有关的农业（农业机械）主管部门。

第一百一十三条 境外机动车入境行驶，应当向入境地的公安机关交通管理部门申请临时通行号牌、行驶证。临时通行号牌、行驶证应当根据行驶需要，载明有效日期和允许行驶的区域。

入境的境外机动车申请临时通行号牌、行驶证以及境外人员申请机动车驾驶许可的条件、考试办法由国务院公安部门规定。

第一百一十四条 机动车驾驶许可考试的收费标准，由国务院价格主管部门规定。

第一百一十五条 本条例自 2004 年 5 月 1 日起施行。1960 年 2 月 11 日国务院批准、交通部发布的《机动车管理办法》，1988 年 3 月 9 日国务院发布的《中华人民共和国道路交通管理条例》，1991 年 9 月 22 日国务院发布的《道路交通事故处理办法》，同时废止。

附录三：

道路交通安全违法行为处理程序规定

（2008 年 12 月 20 日公安部令第 105 号公布　自 2009 年 4 月 1 日起施行）

目　　录

第一章　总　　则

第一条　为了规范道路交通安全违法行为处理程序，保障公安机关交通管理部门正确履行职责，保护公民、法人和其他组织的合法权益，根据《中华人民共和国道路交通安全法》及其实施条例等法律、行政法规制定本规定。

第二条　公安机关交通管理部门及其交通警察对道路交通安全违法行为（以下简称违法行为）的处理程序，在法定职权范围内依照本规定实施。

第三条 对违法行为的处理应当遵循合法、公正、文明、公开、及时的原则，尊重和保障人权，保护公民的人格尊严。

对违法行为的处理应当坚持教育与处罚相结合的原则，教育公民、法人和其他组织自觉遵守道路交通安全法律法规。

对违法行为的处理，应当以事实为依据，与违法行为的事实、性质、情节以及社会危害程度相当。

第二章 管　辖

第四条 交通警察执勤执法中发现的违法行为由违法行为发生地的公安机关交通管理部门管辖。

对管辖权发生争议的，报请共同的上一级公安机关交通管理部门指定管辖。上一级公安机关交通管理部门应当及时确定管辖主体，并通知争议各方。

第五条 交通技术监控资料记录的违法行为可以由违法行为发生地、发现地或者机动车登记地的公安机关交通管理部门管辖。

违法行为人或者机动车所有人、管理人对交通技术监控资料记录的违法行为事实有异议的，应当向违法行为发生地公安机关交通管理部门提出，由违法行为发生地公安机关交通管理部门依法处理。

第六条 对违法行为人处以警告、罚款或者暂扣机动车驾驶证处罚的，由县级以上公安机关交通管理部门作出处罚决定。

对违法行为人处以吊销机动车驾驶证处罚的，由设区的市公安机关交通管理部门作出处罚决定。

对违法行为人处以行政拘留处罚的，由县、市公安局、公安分局或者相当于县一级的公安机关作出处罚决定。

第三章 调查取证

第一节 一般规定

第七条 交通警察调查违法行为时，应当表明执法身份。

交通警察执勤执法应当严格执行安全防护规定，注意自身安全，在公路上执勤执法不得少于两人。

第八条 交通警察应当全面、及时、合法收集能够证实违法行为是否存在、违法情节轻重的证据。

第九条 交通警察调查违法行为时，应当查验机动车驾驶证、行驶证、机动车号牌、检验合格标志、保险标志等牌证以及机动车和驾驶人违法信息。对运载爆炸物品、易燃易爆化学物品以及剧毒、放射性等危险物品车辆驾驶人违法行为调查的，还应当查验其他相关证件及信息。

第十条 交通警察查验机动车驾驶证时，应当询问驾驶人姓名、住址、出生年月并与驾驶证上记录的内容进行核对；对持证人的相貌与驾驶证上的照片进行核对。必要时，可以要求驾驶人出示居民身份证进行核对。

第十一条 调查中需要采取行政强制措施的，依照法律、法规、本规定及国家其他有关规定实施。

第十二条 交通警察对机动车驾驶人不在现场的违法停放机动车行为，应当在机动车侧门玻璃或者摩托车座位上粘贴违法停车告知单，并采取拍照或者录像方式固定相关证据。

第十三条 调查中发现违法行为人有其他违法行为的，在依法对其道路交通安全违法行为作出处理决定的同时，按照有关规定移送有管辖权的单位处理。涉嫌构成犯罪的，转为刑事案件办理或者移送有权处理的主管机关、部门办理。

第十四条 公安机关交通管理部门对于控告、举报的违法行为以及其他行政主管部门移送的案件应当接受，并按规定处理。

第二节 交通技术监控

第十五条 公安机关交通管理部门可以利用交通技术监控设备收集、固定违法行为证据。

交通技术监控设备应当符合国家标准或者行业标准，并经国家有关部门认定、检定合格后，方可用于收集违法行为证据。

交通技术监控设备应当定期进行维护、保养、检测，保持功能完好。

第十六条 交通技术监控设备的设置应当遵循科学、规范、合理的原则，设置的地点应当有明确规范相应交通行为的交通信号。

固定式交通技术监控设备设置地点应当向社会公布。

第十七条 使用固定式交通技术监控设备测速的路段，应当设置测速警告标志。

使用移动测速设备测速的，应当由交通警察操作。使用车载移动测速设备的，还应当使用制式警车。

第十八条 作为处理依据的交通技术监控设备收集的违法行为记录资料，应当清晰、准确地反映机动车类型、号牌、外观等特征以及违法时间、地点、事实。

第十九条 自交通技术监控设备收集违法行为记录资料之日起的十日内，违法行为发生地公安机关交通管理部门应当对记录内容进行审核，经审核无误后录入道路交通违法信息管理系统，作为违法行为的证据。

公安机关交通管理部门对交通技术监控设备收集的违法行为记录内容应当严格审核制度，完善审核程序。

第二十条 交通技术监控设备记录的违法行为信息录入道路交通违法信息管理系统后三日内，公安机关交通管理部门应当向社会提供查询；并可以通过邮寄、发送手机短信、电子邮件等方式通知机动车所有人或者管理人。

第二十一条 交通技术监控设备记录或者录入道路交通违法信息管理系统的违法行为信息，有下列情形之一并经核实的，应当予以消除：

（一）警车、消防车、救护车、工程救险车执行紧急任务的；

（二）机动车被盗抢期间发生的；

（三）有证据证明救助危难或者紧急避险造成的；

（四）现场已被交通警察处理的；

（五）因交通信号指示不一致造成的；

（六）不符合本规定第十八条规定要求的；

（七）记录的机动车号牌信息错误的；

（八）因使用伪造、变造或者其他机动车号牌发生违法行为造成合法机动车被记录的；

（九）其他应当消除的情形。

第四章　行政强制措施适用

第二十二条　公安机关交通管理部门及其交通警察在执法过程中，依法可以采取下列行政强制措施：

（一）扣留车辆；

（二）扣留机动车驾驶证；

（三）拖移机动车；

（四）检验体内酒精、国家管制的精神药品、麻醉药品含量；

（五）收缴物品；

（六）法律、法规规定的其他行政强制措施。

第二十三条　采取本规定第二十二条第（一）、（二）、（四）、（五）项行政强制措施，应当按照下列程序实施：

（一）口头告知违法行为人或者机动车所有人、管理人违法行为的基本事实、拟作出行政强制措施的种类、依据及其依法享有的权利；

（二）听取当事人的陈述和申辩，当事人提出的事实、理由或者证据成立的，应当采纳；

（三）制作行政强制措施凭证，并告知当事人在十五日内到指定地点接受处理；

（四）行政强制措施凭证应当由当事人签名、交通警察签名或者盖章，并加盖公安机关交通管理部门印章；当事人拒绝签名的，交通警察应当在行政强制措施凭证上注明；

（五）行政强制措施凭证应当当场交付当事人；当事人拒收的，由交通警察在行政强制措施凭证上注明，即为送达。

现场采取行政强制措施的，可以由一名交通警察实施，并在二十四小时内将行政强制措施凭证报所属公安机关交通管理部门备案。

第二十四条　行政强制措施凭证应当载明当事人的基本情况、车辆牌号、车辆类型、违法事实、采取行政强制措施种类和依据、接受处理的具体地点和期限、决定机关名称及当事人依法享有的行政复议、行政诉讼权利等内容。

第二十五条　有下列情形之一的，依法扣留车辆：

（一）上道路行驶的机动车未悬挂机动车号牌，未放置检验合格标志、保险标志，或者未随车携带机动车行驶证、驾驶证的；

（二）有伪造、变造或者使用伪造、变造的机动车登记证书、号牌、行驶证、检验合格标志、保险标志、驾驶证或者使用其他车辆的机动车登记证书、号牌、行驶证、检验合格标志、保险标志嫌疑的；

（三）未按照国家规定投保机动车交通事故责任强制保险的；

（四）公路客运车辆或者货运机动车超载的；

（五）机动车有被盗抢嫌疑的；

（六）机动车有拼装或者达到报废标准嫌疑的；

（七）未申领《剧毒化学品公路运输通行证》通过公路运输剧毒化学品的；

（八）非机动车驾驶人拒绝接受罚款处罚的。

对发生道路交通事故，因收集证据需要的，可以依法扣留事故车辆。

第二十六条　交通警察应当在扣留车辆后二十四小时内，将被扣留车辆交所属公安机关交通管理部门。

公安机关交通管理部门扣留车辆的，不得扣留车辆所载货物。对车辆所载货物应当通知当事人自行处理，当事人无法自行处理或者不自行处理的，应当登记并妥善保管，对容易腐烂、损毁、灭失或者其他不具备保管条件的物品，经县级以上公安机关交通管理部门负责人批准，可以在拍照或者录像后变卖或者拍卖，变卖、拍卖所得按照有关规定处理。

第二十七条　对公路客运车辆载客超过核定乘员、货运机动车超过核定载质量的，公安机关交通管理部门应当按照下列规定消除违法状态：

（一）违法行为人可以自行消除违法状态的，应当在公安机关交通管理部门的监督下，自行将超载的乘车人转运、将超载的货物卸载；

（二）违法行为人无法自行消除违法状态的，对超载的乘车人，公安机关交通管理部门应当及时通知有关部门联系转运；对超载的货物，应当在指定的场地卸载，并由违法行为人与指定场地的保管方签订卸载货物的保管合同。

消除违法状态的费用由违法行为人承担。违法状态消除后，应当立即退还被扣留的机动车。

第二十八条　对扣留的车辆，当事人接受处理或者提供、补办的相关证明或者手续经核实后，公安机关交通管理部门应当依法及时退还。

公安机关交通管理部门核实的时间不得超过十日；需要延长的，经县级以上公安机关交通管理部门负责人批准，可以延长至十五日。核实时间自车辆驾驶人或者所有人、管理人提供被扣留车辆合法来历证明，补办相应手续，或者接受处理之日起计算。

发生道路交通事故因收集证据需要扣留车辆的，扣留车辆时间依照《道路交通事故处理程序规定》有关规定执行。

第二十九条 有下列情形之一的，依法扣留机动车驾驶证：

（一）饮酒后驾驶机动车的；

（二）将机动车交由未取得机动车驾驶证或者机动车驾驶证被吊销、暂扣的人驾驶的；

（三）机动车行驶超过规定时速百分之五十的；

（四）驾驶有拼装或者达到报废标准嫌疑的机动车上道路行驶的；

（五）在一个记分周期内累积记分达到十二分的。

第三十条 交通警察应当在扣留机动车驾驶证后二十四小时内，将被扣留机动车驾驶证交所属公安机关交通管理部门。

具有本规定第二十九条第（一）、（二）、（三）、（四）项所列情形之一的，扣留机动车驾驶证至作出处罚决定之日；处罚决定生效前先予扣留机动车驾驶证的，扣留一日折抵暂扣期限一日。只对违法行为人作出罚款处罚的，缴纳罚款完毕后，应当立即发还机动车驾驶证。具有本规定第二十九条第（五）项情形的，扣留机动车驾驶证至考试合格之日。

第三十一条 违反机动车停放、临时停车规定，驾驶人不在现场或者虽在现场但拒绝立即驶离，妨碍其他车辆、行人通行的，公安机关交通管理部门及其交通警察可以将机动车拖移至不妨碍交通的地点或者公安机关交通管理部门指定的地点。

拖移机动车的，现场交通警察应当通过拍照、录像等方式固定违法事实和证据。

第三十二条 公安机关交通管理部门应当公开拖移机动车查询电话，并通过设置拖移机动车专用标志牌明示或者以其他方式告知当事人。当事人可以通过电话查询接受处理的地点、期限和被拖移机动车的停放地点。

第三十三条 车辆驾驶人有下列情形之一的，应当对其检验体内酒精、国家管制的精神药品、麻醉药品含量：

（一）对酒精呼气测试等方法测试的酒精含量结果有异议的；

（二）涉嫌饮酒、醉酒驾驶车辆发生交通事故的；

（三）涉嫌服用国家管制的精神药品、麻醉药品后驾驶车辆的；

（四）拒绝配合酒精呼气测试等方法测试的。

对酒后行为失控或者拒绝配合检验的，可以使用约束带或者警绳等约束性警械。

第三十四条 检验车辆驾驶人体内酒精、国家管制的精神药品、麻醉药品含量的，应当按照下列程序实施：

（一）由交通警察将当事人带到医疗机构进行抽血或者提取尿样；

（二）公安机关交通管理部门应当将抽取的血液或者提取的尿样及时送交有检验资格的机构进行检验，并将检验结果书面告知当事人。

检验车辆驾驶人体内酒精、国家管制的精神药品、麻醉药品含量的，应当通知其家属，但无法通知的除外。

第三十五条 对非法安装警报器、标志灯具或者自行车、三轮车加装动力装置的，公安机关交通管理部门应当强制拆除，予以收缴，并依法予以处罚。

交通警察现场收缴非法装置的，应当在二十四小时内，将收缴的物品交所属公安机关交通管理部门。

对收缴的物品，除作为证据保存外，经县级以上公安机关交通管理部门批准后，依法予以销毁。

第三十六条 公安机关交通管理部门对扣留的拼装或者已达到报废标准的机动车，经县级以上公安机关交通管理部门批准后，予以收缴，强制报废。

第三十七条 对伪造、变造或者使用伪造、变造的机动车登记证书、号牌、行驶证、检验合格标志、保险标志、驾驶证的，应当予以收缴，依法处罚后予以销毁。

对使用其他车辆的机动车登记证书、号牌、行驶证、检验合格标志、保险标志的，应当予以收缴，依法处罚后转至机动车登记地车辆管理所。

第三十八条 对在道路两侧及隔离带上种植树木、其他植物或者设置广告牌、管线等，遮挡路灯、交通信号灯、交通标志，妨碍安全视距的，公安机关交通管理部门应当向违法行为人送达排除妨碍通知书，告知履行期限和不履行的后果。违法行为人在规定期限内拒不履行的，依法予以处罚并强制排除妨碍。

第三十九条 强制排除妨碍，公安机关交通管理部门及其交通警察可以当场实施。无法当场实施的，应当按照下列程序实施：

（一）经县级以上公安机关交通管理部门负责人批准，可以委托或者组织没有利害关系的单位予以强制排除妨碍；

（二）执行强制排除妨碍时，公安机关交通管理部门应当派员到场监督。

第五章 行 政 处 罚

第一节 行政处罚的决定

第四十条 交通警察对于当场发现的违法行为，认为情节轻微、未影响道路通行和安全的，口头告知其违法行为的基本事实、依据，向违法行为人提出口头警告，纠正违法行为后放行。

各省、自治区、直辖市公安机关交通管理部门可以根据实际确定适用口头警告的具体范围和实施办法。

第四十一条 对违法行为人处以警告或者二百元以下罚款的，可以适用简易程序。

对违法行为人处以二百元（不含）以上罚款、暂扣或者吊销机动车驾驶证的，应当适用一般程序。不需要采取行政强制措施的，现场交通警察应当收集、固定相关证据，并制作违法行为处理通知书。

对违法行为人处以行政拘留处罚的，按照《公安机关办理行政案件程序规定》实施。

第四十二条 适用简易程序处罚的，可以由一名交通警察作出，并应当按照下列程序实施：

（一）口头告知违法行为人违法行为的基本事实、拟作出的行政处罚、依据及其依法享有的权利；

（二）听取违法行为人的陈述和申辩，违法行为人提出的事实、理由或者证据成立的，应当采纳；

（三）制作简易程序处罚决定书；

（四）处罚决定书应当由被处罚人签名、交通警察签名或者盖章，并加盖公安机关交通管理部门印章；被处罚人拒绝签名的，交通警察应当在处罚决定书上注明；

（五）处罚决定书应当当场交付被处罚人；被处罚人拒收的，由交通警察在处罚决定书上注明，即为送达。

交通警察应当在二日内将简易程序处罚决定书报所属公安机关交通管理部门备案。

第四十三条 简易程序处罚决定书应当载明被处罚人的基本情况、车辆牌号、车辆类型、违法事实、处罚的依据、处罚的内容、履行方式、期限、处罚机关名称及被处罚人依法享有的行政复议、行政诉讼权利等内容。

第四十四条 制发违法行为处理通知书应当按照下列程序实施：

（一）口头告知违法行为人违法行为的基本事实；

（二）听取违法行为人的陈述和申辩，违法行为人提出的事实、理由或者证据成立的，应当采纳；

（三）制作违法行为处理通知书，并通知当事人在十五日内接受处理；

（四）违法行为处理通知书应当由违法行为人签名、交通警察签名或者盖章，并加盖公安机关交通管理部门印章；当事人拒绝签名的，交通警察应当在违法行为处理通知书上注明；

（五）违法行为处理通知书应当当场交付当事人；当事人拒收的，由交通警察在违法行为处理通知书上注明，即为送达。

交通警察应当在二十四小时内将违法行为处理通知书报所属公安机关交通管理部门备案。

第四十五条 违法行为处理通知书应当载明当事人的基本情况、车辆牌号、车辆类型、违法事实、接受处理的具体地点和时限、通知机关名称等内容。

第四十六条 适用一般程序作出处罚决定，应当由两名以上交通警察按照下列程序实施：

（一）对违法事实进行调查，询问当事人违法行为的基本情况，并制作笔录；当事人拒绝接受询问、签名或者盖章的，交通警察应当在询问笔录上注明；

（二）采用书面形式或者笔录形式告知当事人拟作出的行政处罚的事实、理由及依据，并告知其依法享有的权利；

（三）对当事人陈述、申辩进行复核，复核结果应当在笔录中注明；

（四）制作行政处罚决定书；

（五）行政处罚决定书应当由被处罚人签名，并加盖公安机关交通管理部门印章；被处罚人拒绝签名的，交通警察应当在处罚决定书上注明；

（六）行政处罚决定书应当当场交付被处罚人；被处罚人拒收的，由交通警察在处罚决定书上注明，即为送达；被处罚人不在场的，应当依照《公安机关办理行政案件程序规定》的有关规定送达。

第四十七条 行政处罚决定书应当载明被处罚人的基本情况、车辆牌号、车辆类型、违法事实和证据、处罚的依据、处罚的内容、履行方式、期限、处罚机关名称及被处罚人依法享有的行政复议、行政诉讼权利等内容。

第四十八条 一人有两种以上违法行为，分别裁决，合并执行，可以制作一份行政处罚决定书。

一人只有一种违法行为，依法应当并处两个以上处罚种类且涉及两个处罚主体的，应当分别制作行政处罚决定书。

第四十九条 对违法行为事实清楚，需要按照一般程序处以罚款的，应当自违法行为人接受处理之时起二十四小时内作出处罚决定；处以暂扣机动车驾驶证的，应当自违法行为人接受处理之日起三日内作出处罚决定；处以吊销机动车驾驶证的，应当自违法行为人接受处理或者听证程序结束之日起七日内作出处罚决定，交通肇事构成犯罪的，应当在人民法院判决后及时作出处罚决定。

第五十条 对交通技术监控设备记录的违法行为，当事人应当及时到公安机关交通管理部门接受处理，处以警告或者二百元以下罚款的，可以适用简易程序；处以二百元（不含）以上罚款、吊销机动车驾驶证的，应当适用一般程序。

第二节　行政处罚的执行

第五十一条 对行人、乘车人、非机动车驾驶人处以罚款，交通警察当场收缴的，交通警察应当在简易程序处罚决定书上注明，由被处罚人签名确认。被处罚人拒绝签名的，交通警察应当在处罚决定书上注明。

交通警察依法当场收缴罚款的，应当开具省、自治区、直辖市财政部门统一制发的罚款收据；不开具省、自治区、直辖市财政部门统一制发的罚款收据的，当事人有权拒绝缴纳罚款。

第五十二条　当事人逾期不履行行政处罚决定的，作出行政处罚决定的公安机关交通管理部门可以采取下列措施：

（一）到期不缴纳罚款的，每日按罚款数额的百分之三加处罚款，加处罚款总额不得超出罚款数额；

（二）申请人民法院强制执行。

第五十三条　公安机关交通管理部门对非本辖区机动车驾驶人给予暂扣、吊销机动车驾驶证处罚的，应当在作出处罚决定之日起十五日内，将机动车驾驶证转至核发地公安机关交通管理部门。

违法行为人申请不将暂扣的机动车驾驶证转至核发地公安机关交通管理部门的，应当准许，并在行政处罚决定书上注明。

第五十四条　对违法行为人决定行政拘留并处罚款的，公安机关交通管理部门应当告知违法行为人可以委托他人代缴罚款。

第六章　执法监督

第五十五条　交通警察执勤执法时，应当按照规定着装，佩戴人民警察标志，随身携带人民警察证件，保持警容严整，举止端庄，指挥规范。

交通警察查处违法行为时应当使用规范、文明的执法用语。

第五十六条　公安机关交通管理部门所属的交警队、车管所及重点业务岗位应当建立值日警官和法制员制度，防止和纠正执法中的错误和不当行为。

第五十七条　各级公安机关交通管理部门应当加强执法监督，建立本单位及其所属民警的执法档案，实施执法质量考评、执法责任制和执法过错追究。

执法档案可以是电子档案或者纸质档案。

第五十八条 公安机关交通管理部门应当依法建立交通民警执勤执法考核评价标准，不得下达或者变相下达罚款指标，不得以处罚数量作为考核民警执法效果的依据。

第七章 其 他 规 定

第五十九条 当事人对公安机关交通管理部门采取的行政强制措施或者作出的行政处罚决定不服的，可以依法申请行政复议或者提起行政诉讼。

第六十条 公安机关交通管理部门应当使用道路交通违法信息管理系统对违法行为信息进行管理。对记录和处理的交通违法行为信息应当及时录入道路交通违法信息管理系统。

第六十一条 公安机关交通管理部门对非本辖区机动车有违法行为记录的，应当在违法行为信息录入道路交通违法信息管理系统后，在规定时限内将违法行为信息转至机动车登记地公安机关交通管理部门。

第六十二条 公安机关交通管理部门对非本辖区机动车驾驶人的违法行为给予记分或者暂扣、吊销机动车驾驶证以及扣留机动车驾驶证的，应当在违法行为信息录入道路交通违法信息管理系统后，在规定时限内将违法行为信息转至驾驶证核发地公安机关交通管理部门。

第六十三条 对非本辖区机动车驾驶人申请在违法行为发生地参加满分学习、考试的，公安机关交通管理部门应当准许，考试合格后发还扣留的机动车驾驶证，并将考试合格的信息转至驾驶证核发地公安机关交通管理部门。

驾驶证核发地公安机关交通管理部门应当根据转递信息清除机动车驾驶人的累积记分。

第六十四条 以欺骗、贿赂等不正当手段取得机动车登记的，应当收缴机动车登记证书、号牌、行驶证，由机动车登记地公安机关交通管理部门撤销机动车登记。

以欺骗、贿赂等不正当手段取得驾驶许可的，应当收缴机动车驾驶证，由驾驶证核发地公安机关交通管理部门撤销机动车驾驶许可。

非本辖区机动车登记或者机动车驾驶许可需要撤销的，公安机关交通管理部门应当将收缴的机动车登记证书、号牌、行驶证或者机动车驾驶证以及相关证据材料，及时转至机动车登记地或者驾驶证核发地公安机关交通管理部门。

第六十五条　撤销机动车登记或者机动车驾驶许可的，应当按照下列程序实施：

（一）经设区的市公安机关交通管理部门负责人批准，制作撤销决定书送达当事人；

（二）将收缴的机动车登记证书、号牌、行驶证或者机动车驾驶证以及撤销决定书转至机动车登记地或者驾驶证核发地车辆管理所予以注销；

（三）无法收缴的，公告作废。

第六十六条　简易程序案卷应当包括简易程序处罚决定书。一般程序案卷应当包括行政强制措施凭证或者违法行为处理通知书、证据材料、公安交通管理行政处罚决定书。

在处理违法行为过程中形成的其他文书应当一并存入案卷。

第八章　附　　则

第六十七条　本规定中下列用语的含义：

（一）"违法行为人"，是指违反道路交通安全法律、行政法规规定的公民、法人及其他组织。

（二）"县级以上公安机关交通管理部门"，是指县级以上人民政府公安机关交通管理部门或者相当于同级的公安机关交通管理部门。"设区的市公安机关交通管理部门"，是指设区的市人民政府公安机关交通管理部门或者相当于同级的公安机关交通管理部门。

第六十八条　本规定未规定的违法行为处理程序，依照《公安机关办理行政案件程序规定》执行。

第六十九条　本规定所称以上、以下，除特别注明的外，包括本数在内。

本规定所称的"二日"、"三日"、"七日"、"十日"、"十五日"，是指工作日，不包括节假日。

第七十条　执行本规定所需要的法律文书式样，由公安部制定。公安部没有制定式样，执法工作中需要的其他法律文书，各省、自治区、直辖市公安机关交通管理部门可以制定式样。

    第七十一条　本规定自 2009 年 4 月 1 日起施行。2004 年 4 月 30 日发布的《道路交通安全违法行为处理程序规定》（公安部第 69 号令）同时废止。本规定生效后，以前有关规定与本规定不一致的，以本规定为准。

附录四：

道路交通事故处理程序规定

（2017 年 7 月 22 日中华人民共和国公安部令第 146 号公布　自 2018
年 5 月 1 日起施行）

目　　录

第一章　总　　则

第一条　为了规范道路交通事故处理程序，保障公安机关交通管理部门依法履行职责，保护道路交通事故当事人的合法权益，根据《中华人民共和国道路交通安全法》及其实施条例等有关法律、行政法规，制定本规定。

第二条　处理道路交通事故，应当遵循合法、公正、公开、便民、效率的原则，尊重和保障人权，保护公民的人格尊严。

第三条　道路交通事故分为财产损失事故、伤人事故和死亡事故。

财产损失事故是指造成财产损失，尚未造成人员伤亡的道路交通事故。

伤人事故是指造成人员受伤，尚未造成人员死亡的道路交通事故。

死亡事故是指造成人员死亡的道路交通事故。

第四条　道路交通事故的调查处理应当由公安机关交通管理部门负责。

财产损失事故可以由当事人自行协商处理，但法律法规及本规定另有规定的除外。

第五条　交通警察经过培训并考试合格，可以处理适用简易程序的道路交通事故。

处理伤人事故，应当由具有道路交通事故处理初级以上资格的交通警察主办。

处理死亡事故，应当由具有道路交通事故处理中级以上资格的交通警察主办。

第六条　公安机关交通管理部门处理道路交通事故应当使用全国统一的交通管理信息系统。

鼓励应用先进的科技装备和先进技术处理道路交通事故。

第七条　交通警察处理道路交通事故，应当按照规定使用执法记录设备。

第八条　公安机关交通管理部门应当建立与司法机关、保险机构等有关部门间的数据信息共享机制，提高道路交通事故处理工作信息化水平。

第二章　管　　辖

第九条　道路交通事故由事故发生地的县级公安机关交通管理部门管辖。

未设立县级公安机关交通管理部门的，由设区的市公安机关交通管理部门管辖。

第十条　道路交通事故发生在两个以上管辖区域的，由事故起始点所在地公安机关交通管理部门管辖。

对管辖权有争议的，由共同的上一级公安机关交通管理部门指定管辖。指定管辖前，最先发现或者最先接到报警的公安机关交通管理部门应当先行处理。

第十一条　上级公安机关交通管理部门在必要的时候，可以处理下级公安机关交通管理部门管辖的道路交通事故，或者指定下级公安机关交通管理部门限时将案件移送其他下级公安机关交通管理部门处理。

案件管辖权发生转移的，处理时限从案件接收之日起计算。

第十二条　中国人民解放军、中国人民武装警察部队人员、车辆发生道路交通事故的，按照本规定处理。依法应当吊销、注销中国人民解放军、中国人民武装警察部队核发的机动车驾驶证以及对现役军人实施行政拘留或者追究刑事责任的，移送中国人民解放军、中国人民武装警察部队有关部门处理。

上道路行驶的拖拉机发生道路交通事故的，按照本规定处理。公安机关交通管理部门对拖拉机驾驶人依法暂扣、吊销、注销驾驶证或者记分处理的，应当将决定书和记分情况通报有关的农业（农业机械）主管部门。吊销、注销驾驶证的，还应当将驾驶证送交有关的农业（农业机械）主管部门。

第三章　报警和受案

第十三条　发生死亡事故、伤人事故的，或者发生财产损失事故且有下列情形之一的，当事人应当保护现场并立即报警：

（一）驾驶人无有效机动车驾驶证或者驾驶的机动车与驾驶证载明的准驾车型不符的；

（二）驾驶人有饮酒、服用国家管制的精神药品或者麻醉药品嫌疑的；

（三）驾驶人有从事校车业务或者旅客运输，严重超过额定乘员载客，或者严重超过规定时速行驶嫌疑的；

（四）机动车无号牌或者使用伪造、变造的号牌的；

（五）当事人不能自行移动车辆的；

（六）一方当事人离开现场的；

（七）有证据证明事故是由一方故意造成的。

驾驶人必须在确保安全的原则下，立即组织车上人员疏散到路外安全地点，避免发生次生事故。驾驶人已因道路交通事故死亡或者受伤无法行动的，车上其他人员应当自行组织疏散。

第十四条　发生财产损失事故且有下列情形之一，车辆可以移动的，当事人应当组织车上人员疏散到路外安全地点，在确保安全的原则下，采取现场拍照或者标划事故车辆现场位置等方式固定证据，将车辆移至不妨碍交通的地点后报警：

（一）机动车无检验合格标志或者无保险标志的；

（二）碰撞建筑物、公共设施或者其他设施的。

第十五条　载运爆炸性、易燃性、毒害性、放射性、腐蚀性、传染病病原体等危险物品车辆发生事故的，当事人应当立即报警，危险物品车辆驾驶人、押运人应当按照危险物品安全管理法律、法规、规章以及有关操作规程的规定，采取相应的应急处置措施。

第十六条　公安机关及其交通管理部门接到报警的，应当受理，制作受案登记表并记录下列内容：

（一）报警方式、时间，报警人姓名、联系方式，电话报警的，还应当记录报警电话；

（二）发生或者发现道路交通事故的时间、地点；

（三）人员伤亡情况；

（四）车辆类型、车辆号牌号码，是否载有危险物品以及危险物品的种类、是否发生泄漏等；

（五）涉嫌交通肇事逃逸的，还应当询问并记录肇事车辆的车型、颜色、特征及其逃逸方向、逃逸驾驶人的体貌特征等有关情况。

报警人不报姓名的，应当记录在案。报警人不愿意公开姓名的，应当为其保密。

第十七条　接到道路交通事故报警后，需要派员到现场处置，或者接到

217

出警指令的，公安机关交通管理部门应当立即派交通警察赶赴现场。

第十八条 发生道路交通事故后当事人未报警，在事故现场撤除后，当事人又报警请求公安机关交通管理部门处理的，公安机关交通管理部门应当按照本规定第十六条规定的记录内容予以记录，并在三日内作出是否接受案件的决定。

经核查道路交通事故事实存在的，公安机关交通管理部门应当受理，制作受案登记表；经核查无法证明道路交通事故事实存在，或者不属于公安机关交通管理部门管辖的，应当书面告知当事人，并说明理由。

第四章 自行协商

第十九条 机动车与机动车、机动车与非机动车发生财产损失事故，当事人应当在确保安全的原则下，采取现场拍照或者标划事故车辆现场位置等方式固定证据后，立即撤离现场，将车辆移至不妨碍交通的地点，再协商处理损害赔偿事宜，但有本规定第十三条第一款情形的除外。

非机动车与非机动车或者行人发生财产损失事故，当事人应当先撤离现场，再协商处理损害赔偿事宜。

对应当自行撤离现场而未撤离的，交通警察应当责令当事人撤离现场；造成交通堵塞的，对驾驶人处以200元罚款。

第二十条 发生可以自行协商处理的财产损失事故，当事人可以通过互联网在线自行协商处理；当事人对事实及成因有争议的，可以通过互联网共同申请公安机关交通管理部门在线确定当事人的责任。

当事人报警的，交通警察、警务辅助人员可以指导当事人自行协商处理。当事人要求交通警察到场处理的，应当指派交通警察到现场调查处理。

第二十一条 当事人自行协商达成协议的，制作道路交通事故自行协商协议书，并共同签名。道路交通事故自行协商协议书应当载明事故发生的时间、地点、天气、当事人姓名、驾驶证号或者身份证号、联系方式、机动车种类和号牌号码、保险公司、保险凭证号、事故形态、碰撞部位、当事人的责任等内容。

第二十二条 当事人自行协商达成协议的，可以按照下列方式履行道路交通事故损害赔偿：

（一）当事人自行赔偿；

（二）到投保的保险公司或者道路交通事故保险理赔服务场所办理损害赔偿事宜。

当事人自行协商达成协议后未履行的，可以申请人民调解委员会调解或者向人民法院提起民事诉讼。

第五章　简易程序

第二十三条　公安机关交通管理部门可以适用简易程序处理以下道路交通事故，但有交通肇事、危险驾驶犯罪嫌疑的除外：

（一）财产损失事故；

（二）受伤当事人伤势轻微，各方当事人一致同意适用简易程序处理的伤人事故。

适用简易程序的，可以由一名交通警察处理。

第二十四条　交通警察适用简易程序处理道路交通事故时，应当在固定现场证据后，责令当事人撤离现场，恢复交通。拒不撤离现场的，予以强制撤离。当事人无法及时移动车辆影响通行和交通安全的，交通警察应当将车辆移至不妨碍交通的地点。具有本规定第十三条第一款第一项、第二项情形之一的，按照《中华人民共和国道路交通安全法实施条例》第一百零四条规定处理。

撤离现场后，交通警察应当根据现场固定的证据和当事人、证人陈述等，认定并记录道路交通事故发生的时间、地点、天气、当事人姓名、驾驶证号或者身份证号、联系方式、机动车种类和号牌号码、保险公司、保险凭证号、道路交通事故形态、碰撞部位等，并根据本规定第六十条确定当事人的责任，当场制作道路交通事故认定书。不具备当场制作条件的，交通警察应当在三日内制作道路交通事故认定书。

道路交通事故认定书应当由当事人签名，并现场送达当事人。当事人拒绝签名或者接收的，交通警察应当在道路交通事故认定书上注明情况。

第二十五条　当事人共同请求调解的，交通警察应当当场进行调解，并在道路交通事故认定书上记录调解结果，由当事人签名，送达当事人。

第二十六条 有下列情形之一的，不适用调解，交通警察可以在道路交通事故认定书上载明有关情况后，将道路交通事故认定书送达当事人：

（一）当事人对道路交通事故认定有异议的；

（二）当事人拒绝在道路交通事故认定书上签名的；

（三）当事人不同意调解的。

第六章 调 查

第一节 一般规定

第二十七条 除简易程序外，公安机关交通管理部门对道路交通事故进行调查时，交通警察不得少于二人。

交通警察调查时应当向被调查人员出示《人民警察证》，告知被调查人依法享有的权利和义务，向当事人发送联系卡。联系卡载明交通警察姓名、办公地址、联系方式、监督电话等内容。

第二十八条 交通警察调查道路交通事故时，应当合法、及时、客观、全面地收集证据。

第二十九条 对发生一次死亡三人以上道路交通事故的，公安机关交通管理部门应当开展深度调查；对造成其他严重后果或者存在严重安全问题的道路交通事故，可以开展深度调查。具体程序另行规定。

第二节 现场处置和调查

第三十条 交通警察到达事故现场后，应当立即进行下列工作：

（一）按照事故现场安全防护有关标准和规范的要求划定警戒区域，在安全距离位置放置发光或者反光锥筒和警告标志，确定专人负责现场交通指挥和疏导。因道路交通事故导致交通中断或者现场处置、勘查需要采取封闭道路等交通管制措施的，还应当视情在事故现场来车方向提前组织分流，放置绕行提示标志；

（二）组织抢救受伤人员；

（三）指挥救护、勘查等车辆停放在安全和便于抢救、勘查的位置，开启警灯，夜间还应当开启危险报警闪光灯和示廓灯；

（四）查找道路交通事故当事人和证人，控制肇事嫌疑人；

（五）其他需要立即开展的工作。

第三十一条 道路交通事故造成人员死亡的，应当经急救、医疗人员或者法医确认，并由具备资质的医疗机构出具死亡证明。尸体应当存放在殡葬服务单位或者医疗机构等有停尸条件的场所。

第三十二条 交通警察应当对事故现场开展下列调查工作：

（一）勘查事故现场，查明事故车辆、当事人、道路及其空间关系和事故发生时的天气情况；

（二）固定、提取或者保全现场证据材料；

（三）询问当事人、证人并制作询问笔录；现场不具备制作询问笔录条件的，可以通过录音、录像记录询问过程；

（四）其他调查工作。

第三十三条 交通警察勘查道路交通事故现场，应当按照有关法规和标准的规定，拍摄现场照片，绘制现场图，及时提取、采集与案件有关的痕迹、物证等，制作现场勘查笔录。现场勘查过程中发现当事人涉嫌利用交通工具实施其他犯罪的，应当妥善保护犯罪现场和证据，控制犯罪嫌疑人，并立即报告公安机关主管部门。

发生一次死亡三人以上事故的，应当进行现场摄像，必要时可以聘请具有专门知识的人参加现场勘验、检查。

现场图、现场勘查笔录应当由参加勘查的交通警察、当事人和见证人签名。当事人、见证人拒绝签名或者无法签名以及无见证人的，应当记录在案。

第三十四条 痕迹、物证等证据可能因时间、地点、气象等原因导致改变、毁损、灭失的，交通警察应当及时固定、提取或者保全。

对涉嫌饮酒或者服用国家管制的精神药品、麻醉药品驾驶车辆的人员，公安机关交通管理部门应当按照《道路交通安全违法行为处理程序规定》及时抽血或者提取尿样等检材，送交有检验鉴定资质的机构进行检验。

车辆驾驶人员当场死亡的，应当及时抽血检验。不具备抽血条件的，应当由医疗机构或者鉴定机构出具证明。

第三十五条 交通警察应当核查当事人的身份证件、机动车驾驶证、机动车行驶证、检验合格标志、保险标志等。

对交通肇事嫌疑人可以依法传唤。对在现场发现的交通肇事嫌疑人，经出示《人民警察证》，可以口头传唤，并在询问笔录中注明嫌疑人到案经过、到案时间和离开时间。

第三十六条 勘查事故现场完毕后，交通警察应当清点并登记现场遗留物品，迅速组织清理现场，尽快恢复交通。

现场遗留物品能够当场发还的，应当当场发还并做记录；当场无法确定所有人的，应当登记，并妥善保管，待所有人确定后，及时发还。

第三十七条 因调查需要，公安机关交通管理部门可以向有关单位、个人调取汽车行驶记录仪、卫星定位装置、技术监控设备的记录资料以及其他与事故有关的证据材料。

第三十八条 因调查需要，公安机关交通管理部门可以组织道路交通事故当事人、证人对肇事嫌疑人、嫌疑车辆等进行辨认。

辨认应当在交通警察的主持下进行。主持辨认的交通警察不得少于二人。多名辨认人对同一辨认对象进行辨认时，应当由辨认人个别进行。

辨认时，应当将辨认对象混杂在特征相类似的其他对象中，不得给辨认人任何暗示。辨认肇事嫌疑人时，被辨认的人数不得少于七人；对肇事嫌疑人照片进行辨认的，不得少于十人的照片。辨认嫌疑车辆时，同类车辆不得少于五辆；对肇事嫌疑车辆照片进行辨认时，不得少于十辆的照片。

对尸体等特定辨认对象进行辨认，或者辨认人能够准确描述肇事嫌疑人、嫌疑车辆独有特征的，不受数量的限制。

对肇事嫌疑人的辨认，辨认人不愿意公开进行时，可以在不暴露辨认人的情况下进行，并应当为其保守秘密。

对辨认经过和结果，应当制作辨认笔录，由交通警察、辨认人、见证人签名。必要时，应当对辨认过程进行录音或者录像。

第三十九条 因收集证据的需要，公安机关交通管理部门可以扣留事故车辆，并开具行政强制措施凭证。扣留的车辆应当妥善保管。

公安机关交通管理部门不得扣留事故车辆所载货物。对所载货物在核实重量、体积及货物损失后，通知机动车驾驶人或者货物所有人自行处理。无法通知当事人或者当事人不自行处理的，按照《公安机关办理行政案件程序规定》的有关规定办理。

严禁公安机关交通管理部门指定停车场停放扣留的事故车辆。

第四十条 当事人涉嫌犯罪的，因收集证据的需要，公安机关交通管理部门可以依据《中华人民共和国刑事诉讼法》《公安机关办理刑事案件程序规定》，扣押机动车驾驶证等与事故有关的物品、证件，并按照规定出具扣押法律文书。扣押的物品应当妥善保管。

对扣押的机动车驾驶证等物品、证件，作为证据使用的，应当随案移送，并制作随案移送清单一式两份，一份留存，一份交人民检察院。对于实物不宜移送的，应当将其清单、照片或者其他证明文件随案移送。待人民法院作出生效判决后，按照人民法院的通知，依法作出处理。

第四十一条 经过调查，不属于公安机关交通管理部门管辖的，应当将案件移送有关部门并书面通知当事人，或者告知当事人处理途径。

公安机关交通管理部门在调查过程中，发现当事人涉嫌交通肇事、危险驾驶犯罪的，应当按照《中华人民共和国刑事诉讼法》《公安机关办理刑事案件程序规定》立案侦查。发现当事人有其他违法犯罪嫌疑的，应当及时移送有关部门，移送不影响事故的调查和处理。

第四十二条 投保机动车交通事故责任强制保险的车辆发生道路交通事故，因抢救受伤人员需要保险公司支付抢救费用的，公安机关交通管理部门应当书面通知保险公司。

抢救受伤人员需要道路交通事故社会救助基金垫付费用的，公安机关交通管理部门应当书面通知道路交通事故社会救助基金管理机构。

道路交通事故造成人员死亡需要救助基金垫付丧葬费用的，公安机关交通管理部门应当在送达尸体处理通知书的同时，告知受害人亲属向道路交通事故社会救助基金管理机构提出书面垫付申请。

第三节　交通肇事逃逸查缉

第四十三条 公安机关交通管理部门应当根据管辖区域和道路情况，制定交通肇事逃逸案件查缉预案，并组织专门力量办理交通肇事逃逸案件。

发生交通肇事逃逸案件后，公安机关交通管理部门应当立即启动查缉预案，布置警力堵截，并通过全国机动车缉查布控系统查缉。

第四十四条　案发地公安机关交通管理部门可以通过发协查通报、向社会公告等方式要求协查、举报交通肇事逃逸车辆或者侦破线索。发出协查通报或者向社会公告时，应当提供交通肇事逃逸案件基本事实、交通肇事逃逸车辆情况、特征及逃逸方向等有关情况。

中国人民解放军和中国人民武装警察部队车辆涉嫌交通肇事逃逸的，公安机关交通管理部门应当通报中国人民解放军、中国人民武装警察部队有关部门。

第四十五条　接到协查通报的公安机关交通管理部门，应当立即布置堵截或者排查。发现交通肇事逃逸车辆或者嫌疑车辆的，应当予以扣留，依法传唤交通肇事逃逸人或者与协查通报相符的嫌疑人，并及时将有关情况通知案发地公安机关交通管理部门。案发地公安机关交通管理部门应当立即派交通警察前往办理移交。

第四十六条　公安机关交通管理部门查获交通肇事逃逸车辆或者交通肇事逃逸嫌疑人后，应当按原范围撤销协查通报，并通过全国机动车缉查布控系统撤销布控。

第四十七条　公安机关交通管理部门侦办交通肇事逃逸案件期间，交通肇事逃逸案件的受害人及其家属向公安机关交通管理部门询问案件侦办情况的，除依法不应当公开的内容外，公安机关交通管理部门应当告知并做好记录。

第四十八条　道路交通事故社会救助基金管理机构已经为受害人垫付抢救费用或者丧葬费用的，公安机关交通管理部门应当在交通肇事逃逸案件侦破后及时书面告知道路交通事故社会救助基金管理机构交通肇事逃逸驾驶人的有关情况。

第四节　检验、鉴定

第四十九条　需要进行检验、鉴定的，公安机关交通管理部门应当按照有关规定，自事故现场调查结束之日起三日内委托具备资质的鉴定机构进行检验、鉴定。

尸体检验应当在死亡之日起三日内委托。对交通肇事逃逸车辆的检验、鉴定自查获肇事嫌疑车辆之日起三日内委托。

对现场调查结束之日起三日后需要检验、鉴定的，应当报经上一级公安机关交通管理部门批准。

对精神疾病的鉴定，由具有精神病鉴定资质的鉴定机构进行。

第五十条 检验、鉴定费用由公安机关交通管理部门承担，但法律法规另有规定或者当事人自行委托伤残评定、财产损失评估的除外。

第五十一条 公安机关交通管理部门应当与鉴定机构确定检验、鉴定完成的期限，确定的期限不得超过三十日。超过三十日的，应当报经上一级公安机关交通管理部门批准，但最长不得超过六十日。

第五十二条 尸体检验不得在公众场合进行。为了确定死因需要解剖尸体的，应当征得死者家属同意。死者家属不同意解剖尸体的，经县级以上公安机关或者上一级公安机关交通管理部门负责人批准，可以解剖尸体，并且通知死者家属到场，由其在解剖尸体通知书上签名。

死者家属无正当理由拒不到场或者拒绝签名的，交通警察应当在解剖尸体通知书上注明。对身份不明的尸体，无法通知死者家属的，应当记录在案。

第五十三条 尸体检验报告确定后，应当书面通知死者家属在十日内办理丧葬事宜。无正当理由逾期不办理的应记录在案，并经县级以上公安机关或者上一级公安机关交通管理部门负责人批准，由公安机关或者上一级公安机关交通管理部门处理尸体，逾期存放的费用由死者家属承担。

对于没有家属、家属不明或者因自然灾害等不可抗力导致无法通知或者通知后家属拒绝领回的，经县级以上公安机关或者上一级公安机关交通管理部门负责人批准，可以及时处理。

对身份不明的尸体，由法医提取人身识别检材，并对尸体拍照、采集相关信息后，由公安机关交通管理部门填写身份不明尸体信息登记表，并在设区的市级以上报纸刊登认尸启事。登报后三十日仍无人认领的，经县级以上公安机关或者上一级公安机关交通管理部门负责人批准，可以及时处理。

因宗教习俗等原因对尸体处理期限有特殊需要的，经县级以上公安机关或者上一级公安机关交通管理部门负责人批准，可以紧急处理。

第五十四条 鉴定机构应当在规定的期限内完成检验、鉴定，并出具书面检验报告、鉴定意见，由鉴定人签名，鉴定意见还应当加盖机构印章。检验报告、鉴定意见应当载明以下事项：

（一）委托人；

（二）委托日期和事项；

（三）提交的相关材料；

（四）检验、鉴定的时间；

（五）依据和结论性意见，通过分析得出结论性意见的，应当有分析证明过程。

检验报告、鉴定意见应当附有鉴定机构、鉴定人的资质证明或者其他证明文件。

第五十五条 公安机关交通管理部门应当对检验报告、鉴定意见进行审核，并在收到检验报告、鉴定意见之日起五日内，将检验报告、鉴定意见复印件送达当事人，但有下列情形之一的除外：

（一）检验、鉴定程序违法或者违反相关专业技术要求，可能影响检验报告、鉴定意见公正、客观的；

（二）鉴定机构、鉴定人不具备鉴定资质和条件的；

（三）检验报告、鉴定意见明显依据不足的；

（四）故意作虚假鉴定的；

（五）鉴定人应当回避而没有回避的；

（六）检材虚假或者检材被损坏、不具备鉴定条件的；

（七）其他可能影响检验报告、鉴定意见公正、客观的情形。

检验报告、鉴定意见有前款规定情形之一的，经县级以上公安机关交通管理部门负责人批准，应当在收到检验报告、鉴定意见之日起三日内重新委托检验、鉴定。

第五十六条 当事人对检验报告、鉴定意见有异议，申请重新检验、鉴定的，应当自公安机关交通管理部门送达之日起三日内提出书面申请，经县级以上公安机关交通管理部门负责人批准，原办案单位应当重新委托检验、鉴定。检验报告、鉴定意见不具有本规定第五十五条第一款情形的，经县级以上公安机关交通管理部门负责人批准，由原办案单位作出不准予重新检验、鉴定的决定，并在作出决定之日起三日内书面通知申请人。

同一交通事故的同一检验、鉴定事项，重新检验、鉴定以一次为限。

第五十七条 重新检验、鉴定应当另行委托鉴定机构。

第五十八条 自检验报告、鉴定意见确定之日起五日内，公安机关交通管理部门应当通知当事人领取扣留的事故车辆。

因扣留车辆发生的费用由作出决定的公安机关交通管理部门承担，但公安机关交通管理部门通知当事人领取，当事人逾期未领取产生的停车费用由当事人自行承担。

经通知当事人三十日后不领取的车辆，经公告三个月仍不领取的，对扣留的车辆依法处理。

第七章　认定与复核

第一节　道路交通事故认定

第五十九条 道路交通事故认定应当做到事实清楚、证据确实充分、适用法律正确、责任划分公正、程序合法。

第六十条 公安机关交通管理部门应当根据当事人的行为对发生道路交通事故所起的作用以及过错的严重程度，确定当事人的责任。

（一）因一方当事人的过错导致道路交通事故的，承担全部责任；

（二）因两方或者两方以上当事人的过错发生道路交通事故的，根据其行为对事故发生的作用以及过错的严重程度，分别承担主要责任、同等责任和次要责任；

（三）各方均无导致道路交通事故的过错，属于交通意外事故的，各方均无责任。

一方当事人故意造成道路交通事故的，他方无责任。

第六十一条 当事人有下列情形之一的，承担全部责任：

（一）发生道路交通事故后逃逸的；

（二）故意破坏、伪造现场、毁灭证据的。

为逃避法律责任追究，当事人弃车逃逸以及潜逃藏匿的，如有证据证明其他当事人也有过错，可以适当减轻责任，但同时有证据证明逃逸当事人有第一款第二项情形的，不予减轻。

第六十二条　公安机关交通管理部门应当自现场调查之日起十日内制作道路交通事故认定书。交通肇事逃逸案件在查获交通肇事车辆和驾驶人后十日内制作道路交通事故认定书。对需要进行检验、鉴定的，应当在检验报告、鉴定意见确定之日起五日内制作道路交通事故认定书。

有条件的地方公安机关交通管理部门可以试行在互联网公布道路交通事故认定书，但对涉及的国家秘密、商业秘密或者个人隐私，应当保密。

第六十三条　发生死亡事故以及复杂、疑难的伤人事故后，公安机关交通管理部门应当在制作道路交通事故认定书或者道路交通事故证明前，召集各方当事人到场，公开调查取得的证据。

证人要求保密或者涉及国家秘密、商业秘密以及个人隐私的，按照有关法律法规的规定执行。

当事人不到场的，公安机关交通管理部门应当予以记录。

第六十四条　道路交通事故认定书应当载明以下内容：

（一）道路交通事故当事人、车辆、道路和交通环境等基本情况；

（二）道路交通事故发生经过；

（三）道路交通事故证据及事故形成原因分析；

（四）当事人导致道路交通事故的过错及责任或者意外原因；

（五）作出道路交通事故认定的公安机关交通管理部门名称和日期。

道路交通事故认定书应当由交通警察签名或者盖章，加盖公安机关交通管理部门道路交通事故处理专用章。

第六十五条　道路交通事故认定书应当在制作后三日内分别送达当事人，并告知申请复核、调解和提起民事诉讼的权利、期限。

当事人收到道路交通事故认定书后，可以查阅、复制、摘录公安机关交通管理部门处理道路交通事故的证据材料，但证人要求保密或者涉及国家秘密、商业秘密以及个人隐私的，按照有关法律法规的规定执行。公安机关交通管理部门对当事人复制的证据材料应当加盖公安机关交通管理部门事故处理专用章。

第六十六条　交通肇事逃逸案件尚未侦破，受害一方当事人要求出具道路交通事故认定书的，公安机关交通管理部门应当在接到当事人书面申请后十日内，根据本规定第六十一条确定各方当事人责任，制作道路交通事故认定书，并送达受害方当事人。道路交通事故认定书应当载明事故发生的时间、地点、受害人情况及调查得到的事实，以及受害方当事人的责任。

交通肇事逃逸案件侦破后，已经按照前款规定制作道路交通事故认定书的，应当按照本规定第六十一条重新确定责任，制作道路交通事故认定书，分别送达当事人。重新制作的道路交通事故认定书除应当载明本规定第六十四条规定的内容外，还应当注明撤销原道路交通事故认定书。

第六十七条　道路交通事故基本事实无法查清、成因无法判定的，公安机关交通管理部门应当出具道路交通事故证明，载明道路交通事故发生的时间、地点、当事人情况及调查得到的事实，分别送达当事人，并告知申请复核、调解和提起民事诉讼的权利、期限。

第六十八条　由于事故当事人、关键证人处于抢救状态或者因其他客观原因导致无法及时取证，现有证据不足以认定案件基本事实的，经上一级公安机关交通管理部门批准，道路交通事故认定的时限可中止计算，并书面告知各方当事人或者其代理人，但中止的时间最长不得超过六十日。

当中止认定的原因消失，或者中止期满受伤人员仍然无法接受调查的，公安机关交通管理部门应当在五日内，根据已经调查取得的证据制作道路交通事故认定书或者出具道路交通事故证明。

第六十九条　伤人事故符合下列条件，各方当事人一致书面申请快速处理的，经县级以上公安机关交通管理部门负责人批准，可以根据已经取得的证据，自当事人申请之日起五日内制作道路交通事故认定书：

（一）当事人不涉嫌交通肇事、危险驾驶犯罪的；

（二）道路交通事故基本事实及成因清楚，当事人无异议的。

第七十条　对尚未查明身份的当事人，公安机关交通管理部门应当在道路交通事故认定书或者道路交通事故证明中予以注明，待身份信息查明以后，制作书面补充说明送达各方当事人。

第二节　复　核

第七十一条　当事人对道路交通事故认定或者出具道路交通事故证明有异议的，可以自道路交通事故认定书或者道路交通事故证明送达之日起三日内提出书面复核申请。当事人逾期提交复核申请的，不予受理，并书面通知申请人。

复核申请应当载明复核请求及其理由和主要证据。同一事故的复核以一次为限。

第七十二条 复核申请人通过作出道路交通事故认定的公安机关交通管理部门提出复核申请的，作出道路交通事故认定的公安机关交通管理部门应当自收到复核申请之日起二日内将复核申请连同道路交通事故有关材料移送上一级公安机关交通管理部门。

复核申请人直接向上一级公安机关交通管理部门提出复核申请的，上一级公安机关交通管理部门应当通知作出道路交通事故认定的公安机关交通管理部门自收到通知之日起五日内提交案卷材料。

第七十三条 除当事人逾期提交复核申请的情形外，上一级公安机关交通管理部门收到复核申请之日即为受理之日。

第七十四条 上一级公安机关交通管理部门自受理复核申请之日起三十日内，对下列内容进行审查，并作出复核结论：

（一）道路交通事故认定的事实是否清楚、证据是否确实充分、适用法律是否正确、责任划分是否公正；

（二）道路交通事故调查及认定程序是否合法；

（三）出具道路交通事故证明是否符合规定。

复核原则上采取书面审查的形式，但当事人提出要求或者公安机关交通管理部门认为有必要时，可以召集各方当事人到场，听取各方意见。

办理复核案件的交通警察不得少于二人。

第七十五条 复核审查期间，申请人提出撤销复核申请的，公安机关交通管理部门应当终止复核，并书面通知各方当事人。

受理复核申请后，任何一方当事人就该事故向人民法院提起诉讼并经人民法院受理的，公安机关交通管理部门应当将受理当事人复核申请的有关情况告知相关人民法院。

受理复核申请后，人民检察院对交通肇事犯罪嫌疑人作出批准逮捕决定的，公安机关交通管理部门应当将受理当事人复核申请的有关情况告知相关人民检察院。

第七十六条 上一级公安机关交通管理部门认为原道路交通事故认定事

实清楚、证据确实充分、适用法律正确、责任划分公正、程序合法的，应当作出维持原道路交通事故认定的复核结论。

上一级公安机关交通管理部门认为调查及认定程序存在瑕疵，但不影响道路交通事故认定的，在责令原办案单位补正或者作出合理解释后，可以作出维持原道路交通事故认定的复核结论。

上一级公安机关交通管理部门认为原道路交通事故认定有下列情形之一的，应当作出责令原办案单位重新调查、认定的复核结论：

（一）事实不清的；

（二）主要证据不足的；

（三）适用法律错误的；

（四）责任划分不公正的；

（五）调查及认定违反法定程序可能影响道路交通事故认定的。

第七十七条 上一级公安机关交通管理部门审查原道路交通事故证明后，按下列规定处理：

（一）认为事故成因确属无法查清，应当作出维持原道路交通事故证明的复核结论；

（二）认为事故成因仍需进一步调查的，应当作出责令原办案单位重新调查、认定的复核结论。

第七十八条 上一级公安机关交通管理部门应当在作出复核结论后三日内将复核结论送达各方当事人。公安机关交通管理部门认为必要的，应当召集各方当事人，当场宣布复核结论。

第七十九条 上一级公安机关交通管理部门作出责令重新调查、认定的复核结论后，原办案单位应当在十日内依照本规定重新调查，重新作出道路交通事故认定，撤销原道路交通事故认定书或者原道路交通事故证明。

重新调查需要检验、鉴定的，原办案单位应当在检验报告、鉴定意见确定之日起五日内，重新作出道路交通事故认定。

重新作出道路交通事故认定的，原办案单位应当送达各方当事人，并报上一级公安机关交通管理部门备案。

第八十条 上一级公安机关交通管理部门可以设立道路交通事故复核委员会，由办理复核案件的交通警察会同相关行业代表、社会专家学者等人员共同组成，负责案件复核，并以上一级公安机关交通管理部门的名义作出复核结论。

第八章　处罚执行

第八十一条　公安机关交通管理部门应当按照《道路交通安全违法行为处理程序规定》，对当事人的道路交通安全违法行为依法作出处罚。

第八十二条　对发生道路交通事故构成犯罪，依法应当吊销驾驶人机动车驾驶证的，应当在人民法院作出有罪判决后，由设区的市公安机关交通管理部门依法吊销机动车驾驶证。同时具有逃逸情形的，公安机关交通管理部门应当同时依法作出终生不得重新取得机动车驾驶证的决定。

第八十三条　专业运输单位六个月内两次发生一次死亡三人以上事故，且单位或者车辆驾驶人对事故承担全部责任或者主要责任的，专业运输单位所在地的公安机关交通管理部门应当报经设区的市公安机关交通管理部门批准后，作出责令限期消除安全隐患的决定，禁止未消除安全隐患的机动车上道路行驶，并通报道路交通事故发生地及运输单位所在地的人民政府有关行政管理部门。

第九章　损害赔偿调解

第八十四条　当事人可以采取以下方式解决道路交通事故损害赔偿争议：

（一）申请人民调解委员会调解；

（二）申请公安机关交通管理部门调解；

（三）向人民法院提起民事诉讼。

第八十五条　当事人申请人民调解委员会调解，达成调解协议后，双方当事人认为有必要的，可以根据《中华人民共和国人民调解法》共同向人民法院申请司法确认。

当事人申请人民调解委员会调解，调解未达成协议的，当事人可以直接向人民法院提起民事诉讼，或者自人民调解委员会作出终止调解之日起三日内，一致书面申请公安机关交通管理部门进行调解。

第八十六条　当事人申请公安机关交通管理部门调解的，应当在收到道路交通事故认定书、道路交通事故证明或者上一级公安机关交通管理部门维持原道路交通事故认定的复核结论之日起十日内一致书面申请。

当事人申请公安机关交通管理部门调解，调解未达成协议的，当事人可以依法向人民法院提起民事诉讼，或者申请人民调解委员会进行调解。

第八十七条　公安机关交通管理部门应当按照合法、公正、自愿、及时的原则进行道路交通事故损害赔偿调解。

道路交通事故损害赔偿调解应当公开进行，但当事人申请不予公开的除外。

第八十八条　公安机关交通管理部门应当与当事人约定调解的时间、地点，并于调解时间三日前通知当事人。口头通知的，应当记入调解记录。

调解参加人因故不能按期参加调解的，应当在预定调解时间一日前通知承办的交通警察，请求变更调解时间。

第八十九条　参加损害赔偿调解的人员包括：

（一）道路交通事故当事人及其代理人；

（二）道路交通事故车辆所有人或者管理人；

（三）承保机动车保险的保险公司人员；

（四）公安机关交通管理部门认为有必要参加的其他人员。

委托代理人应当出具由委托人签名或者盖章的授权委托书。授权委托书应当载明委托事项和权限。

参加损害赔偿调解的人员每方不得超过三人。

第九十条　公安机关交通管理部门受理调解申请后，应当按照下列规定日期开始调解：

（一）造成人员死亡的，从规定的办理丧葬事宜时间结束之日起；

（二）造成人员受伤的，从治疗终结之日起；

（三）因伤致残的，从定残之日起；

（四）造成财产损失的，从确定损失之日起。

公安机关交通管理部门受理调解申请时已超过前款规定的时间，调解自受理调解申请之日起开始。

公安机关交通管理部门应当自调解开始之日起十日内制作道路交通事

损害赔偿调解书或者道路交通事故损害赔偿调解终结书。

第九十一条 交通警察调解道路交通事故损害赔偿，按照下列程序实施：

（一）告知各方当事人权利、义务；

（二）听取各方当事人的请求及理由；

（三）根据道路交通事故认定书认定的事实以及《中华人民共和国道路交通安全法》第七十六条的规定，确定当事人承担的损害赔偿责任；

（四）计算损害赔偿的数额，确定各方当事人承担的比例，人身损害赔偿的标准按照《中华人民共和国侵权责任法》《最高人民法院关于审理人身损害赔偿案件适用法律若干问题的解释》《最高人民法院关于审理道路交通事故损害赔偿案件适用法律若干问题的解释》等有关规定执行，财产损失的修复费用、折价赔偿费用按照实际价值或者评估机构的评估结论计算；

（五）确定赔偿履行方式及期限。

第九十二条 因确定损害赔偿的数额，需要进行伤残评定、财产损失评估的，由各方当事人协商确定有资质的机构进行，但财产损失数额巨大涉嫌刑事犯罪的，由公安机关交通管理部门委托。

当事人委托伤残评定、财产损失评估的费用，由当事人承担。

第九十三条 经调解达成协议的，公安机关交通管理部门应当当场制作道路交通事故损害赔偿调解书，由各方当事人签字，分别送达各方当事人。

调解书应当载明以下内容：

（一）调解依据；

（二）道路交通事故认定书认定的基本事实和损失情况；

（三）损害赔偿的项目和数额；

（四）各方的损害赔偿责任及比例；

（五）赔偿履行方式和期限；

（六）调解日期。

经调解各方当事人未达成协议的，公安机关交通管理部门应当终止调解，制作道路交通事故损害赔偿调解终结书，送达各方当事人。

第九十四条 有下列情形之一的，公安机关交通管理部门应当终止调解，并记录在案：

（一）调解期间有一方当事人向人民法院提起民事诉讼的；

（二）一方当事人无正当理由不参加调解的；

（三）一方当事人调解过程中退出调解的。

第九十五条 有条件的地方公安机关交通管理部门可以联合有关部门，设置道路交通事故保险理赔服务场所。

第十章 涉外道路交通事故处理

第九十六条 外国人在中华人民共和国境内发生道路交通事故的，除按照本规定执行外，还应当按照办理涉外案件的有关法律、法规、规章的规定执行。

公安机关交通管理部门处理外国人发生的道路交通事故，应当告知当事人我国法律、法规、规章规定的当事人在处理道路交通事故中的权利和义务。

第九十七条 外国人发生道路交通事故有下列情形之一的，不准其出境：

（一）涉嫌犯罪的；

（二）有未了结的道路交通事故损害赔偿案件，人民法院决定不准出境的；

（三）法律、行政法规规定不准出境的其他情形。

第九十八条 外国人发生道路交通事故并承担全部责任或者主要责任的，公安机关交通管理部门应当告知道路交通事故损害赔偿权利人可以向人民法院提出采取诉前保全措施的请求。

第九十九条 公安机关交通管理部门在处理道路交通事故过程中，使用中华人民共和国通用的语言文字。对不通晓我国语言文字的，应当为其提供翻译；当事人通晓我国语言文字而不需要他人翻译的，应当出具书面声明。

经公安机关交通管理部门批准，外国人可以自行聘请翻译，翻译费由当事人承担。

第一百条 享有外交特权与豁免的人员发生道路交通事故时，应当主动出示有效身份证件，交通警察认为应当给予暂扣或者吊销机动车驾驶证处罚的，可以扣留其机动车驾驶证。需要对享有外交特权与豁免的人员进行调查的，可以约谈，谈话时仅限于与道路交通事故有关的内容。需要检验、鉴定车辆的，公安机关交通管理部门应当征得其同意，并在检验、鉴定后立即发还。

公安机关交通管理部门应当根据收集的证据，制作道路交通事故认定书送达当事人，当事人拒绝接收的，送达至其所在机构；没有所在机构或者所在机构不明确的，由当事人所属国家的驻华使领馆转交送达。

享有外交特权与豁免的人员应当配合公安机关交通管理部门的调查和检验、鉴定。对于经核查确实享有外交特权与豁免但不同意接受调查或者检验、鉴定的，公安机关交通管理部门应当将有关情况记录在案，损害赔偿事宜通过外交途径解决。

第一百零一条 公安机关交通管理部门处理享有外交特权与豁免的外国人发生人员死亡事故的，应当将其身份、证件及事故经过、损害后果等基本情况记录在案，并将有关情况迅速通报省级人民政府外事部门和该外国人所属国家的驻华使馆或者领馆。

第一百零二条 外国驻华领事机构、国际组织、国际组织驻华代表机构享有特权与豁免的人员发生道路交通事故的，公安机关交通管理部门参照本规定第一百条、第一百零一条规定办理，但《中华人民共和国领事特权与豁免条例》、中国已参加的国际公约以及我国与有关国家或者国际组织缔结的协议有不同规定的除外。

第十一章　执法监督

第一百零三条 公安机关警务督察部门可以依法对公安机关交通管理部门及其交通警察处理道路交通事故工作进行现场督察，查处违纪违法行为。

上级公安机关交通管理部门对下级公安机关交通管理部门处理道路交通事故工作进行监督，发现错误应当及时纠正，造成严重后果的，依纪依法追究有关人员的责任。

第一百零四条 公安机关交通管理部门及其交通警察处理道路交通事故，应当公开办事制度、办事程序，建立警风警纪监督员制度，并自觉接受社会和群众的监督。

任何单位和个人都有权对公安机关交通管理部门及其交通警察不依法严格公正处理道路交通事故、利用职务上的便利收受他人财物或者谋取其他利益、徇私舞弊、滥用职权、玩忽职守以及其他违纪违法行为进行检举、控告。

收到检举、控告的机关，应当依据职责及时查处。

第一百零五条 在调查处理道路交通事故时，交通警察或者公安机关检验、鉴定人员有下列情形之一的，应当回避：

（一）是本案的当事人或者是当事人的近亲属的；

（二）本人或者其近亲属与本案有利害关系的；

（三）与本案当事人有其他关系，可能影响案件公正处理的。

交通警察或者公安机关检验、鉴定人员需要回避的，由本级公安机关交通管理部门负责人或者检验、鉴定人员所属的公安机关决定。公安机关交通管理部门负责人需要回避的，由公安机关或者上一级公安机关交通管理部门负责人决定。

对当事人提出的回避申请，公安机关交通管理部门应当在二日内作出决定，并通知申请人。

第一百零六条 人民法院、人民检察院审理、审查道路交通事故案件，需要公安机关交通管理部门提供有关证据的，公安机关交通管理部门应当在接到调卷公函之日起三日内，或者按照其时限要求，将道路交通事故案件调查材料正本移送人民法院或者人民检察院。

第一百零七条 公安机关交通管理部门对查获交通肇事逃逸车辆及人员提供有效线索或者协助的人员、单位，应当给予表彰和奖励。

公安机关交通管理部门及其交通警察接到协查通报不配合协查并造成严重后果的，由公安机关或者上级公安机关交通管理部门追究有关人员和单位主管领导的责任。

第十二章　附　　则

第一百零八条 道路交通事故处理资格等级管理规定由公安部另行制定，资格证书式样全国统一。

第一百零九条 公安机关交通管理部门应当在邻省、市（地）、县交界的国、省、县道上，以及辖区内交通流量集中的路段，设置标有管辖地公安机关交通管理部门名称及道路交通事故报警电话号码的提示牌。

第一百一十条 车辆在道路以外通行时发生的事故，公安机关交通管理部门接到报案的，参照本规定处理。涉嫌犯罪的，及时移送有关部门。

第一百一十一条 执行本规定所需要的法律文书式样，由公安部制定。公安部没有制定式样，执法工作中需要的其他法律文书，省级公安机关可以制定式样。

当事人自行协商处理损害赔偿事宜的，可以自行制作协议书，但应当符合本规定第二十一条关于协议书内容的规定。

第一百一十二条 本规定中下列用语的含义是：

（一）"交通肇事逃逸"，是指发生道路交通事故后，当事人为逃避法律责任，驾驶或者遗弃车辆逃离道路交通事故现场以及潜逃藏匿的行为。

（二）"深度调查"，是指以有效防范道路交通事故为目的，对道路交通事故发生的深层次原因以及道路交通安全相关因素开展延伸调查，分析查找安全隐患及管理漏洞，并提出从源头解决问题的意见和建议的活动。

（三）"检验报告、鉴定意见确定"，是指检验报告、鉴定意见复印件送达当事人之日起三日内，当事人未申请重新检验、鉴定的，以及公安机关交通管理部门批准重新检验、鉴定，鉴定机构出具检验报告、鉴定意见的。

（四）"外国人"，是指不具有中国国籍的人。

（五）本规定所称的"一日"、"二日"、"三日"、"五日"、"十日"，是指工作日，不包括节假日。

（六）本规定所称的"以上"、"以下"均包括本数在内。

（七）"县级以上公安机关交通管理部门"，是指县级以上人民政府公安机关交通管理部门或者相当于同级的公安机关交通管理部门。

（八）"设区的市公安机关交通管理部门"，是指设区的市人民政府公安机关交通管理部门或者相当于同级的公安机关交通管理部门。

（九）"设区的市公安机关"，是指设区的市人民政府公安机关或者相当于同级的公安机关。

第一百一十三条 本规定没有规定的道路交通事故案件办理程序，依照《公安机关办理行政案件程序规定》《公安机关办理刑事案件程序规定》的有关规定执行。

第一百一十四条 本规定自 2018 年 5 月 1 日起施行。2008 年 8 月 17 日发布的《道路交通事故处理程序规定》（公安部令第 104 号）同时废止。

图书在版编目（CIP）数据

公安交通执法基本技能实训／郑红雯等编著．—北京：中国法制出版社，2017.12

ISBN 978 - 7 - 5093 - 8335 - 3

Ⅰ.①公… Ⅱ.①郑… Ⅲ.①公安机关 - 交通运输管理 - 行政执法 - 中国 Ⅳ.①D922.14

中国版本图书馆 CIP 数据核字（2017）第 320216 号

策划编辑 李小草 王 熹
责任编辑 王 熹   封面设计 蒋 怡

公安交通执法基本技能实训
GONGAN JIAOTONG ZHIFA JIBEN JINENG SHIXUN

编著／郑红雯等
经销／新华书店
印刷／三河市紫恒印装有限公司
开本/710 毫米×1000 毫米 16 开   印张/ 15.5 字数/ 161 千
版次/2018 年 2 月第 1 版   2018 年 2 月第 1 次印刷

中国法制出版社出版
书号 ISBN 978 - 7 - 5093 - 8335 - 3   定价：56.00 元

北京西单横二条 2 号
邮政编码：100031   传真：66031119
网址：http：//www.zgfzs.com   编辑部电话：010 - 66010493
市场营销部电话：010 - 66033393   邮购部电话：010 - 66033288

（如有印装质量问题，请与本社编务印务管理部联系调换。电话：010 - 66032926）